프로포절의 미래, AI로 승부하라

프로포절의 미래, AI로 승부하라

프로포절의 미래, AI로 승부하라

인공지능으로 설계하는 제안서 기획·구조·설득 전략

초 판 1쇄 2026년 03월 24일

지은이 김태현
펴낸이 류종렬

펴낸곳 미다스북스
본부장 임종익
편집장 이다경, 김가영
디자인 임인영, 윤가희, 윤영빈
책임진행 안채원, 이예나, 김은진, 국소리, 송가희

등록 2001년 3월 21일 제2001-000040호
주소 서울시 마포구 양화로 133 서교타워 711호, 808호
전화 02) 322-7802~3
팩스 02) 6007-1845
블로그 http://blog.naver.com/midasbooks
전자주소 midasbooks@hanmail.net
페이스북 https://www.facebook.com/midasbooks425
인스타그램 https://www.instagram.com/midasbooks

© 김태현, 미다스북스 2026, *Printed in Korea*.

ISBN 979-11-7355-755-2 03330

값 19,500원

미다스북스는 다음세대에게 필요한 지혜와 교양을 생각합니다.

인공지능으로 설계하는
제안서 기획·구조·설득 전략

김태현 지음

프로포절의 미래,
AI로
승부하라

"AI를 쓰지 않는 제안서는
이미 경쟁에서 한 발 늦었다."
30억 이상 선정 경험을 바탕으로 완성한 프로포절 전략 프레임!

미다스북스

PART 2

AI로 완성하는
프로포절 작성 실전

PART 3

통과되는
프로포절 전략

프롤로그

여러분은 지금 어떤 도전에 직면해 있나요? 신규 프로젝트를 기획하지만 아이디어가 막막하셨나요? 제한된 시간과 자원으로 완벽한 제안서를 완성하려 애쓰고 계신가요? 한 번도 작성하지 않아 막막했던 경험 누구나 있으셨을 거라 생각됩니다. 우리는 모두 프로포절의 힘을 믿으며 '좋은 제안서'를 쓰기 위해 자신의 시간과 열정을 갈아 넣어왔습니다. 하지만 이제는 더 열심히 쓰는 것이 정답이 아니라면, 더 똑똑하게 쓰는 방법은 무엇인가 깊이 생각해 볼 때라고 생각됩니다.

제가 처음 단지 경력자라는 이유만으로 프로포절 작성을 맡았던 날을 아직도 기억합니다. 백지 앞에서 머릿속은 하얗게 비어갔고, 수많은 데이터와 경험을 어떻게 구조화할지 막막했죠. 단지 지시만 할 뿐 프로포절을 작성하는 모든 과정은 오로지 저한테만 책임이 있었고 결국 결과만을 기다리는 상황들이 참으로 어렵게 느껴졌습니다. 경험도 없었던 저로써는 밤새 프로포절을 작성하면서 길게는 몇 달 동안 애쓰기도 하였습니다.

"AI는 당신의 창의성을 확장하는 도구입니다."
"AI는 가장 유능한 나의 부사수입니다."

최근 AI 열풍 속에서 많은 이들이 두려움을 느낍니다. 하지만 AI는 경쟁 속에서 뒤처질 것 같은 두려운 상황에서 나를 돕는 창의적 파트너입니다. 기획자의 머릿속에만 맴돌던 아이디어를 정교한 논리로 구조화하고 지루한 자료 조사 시간을 줄여주며, 글로만이 아닌 다양한 이미지를 통해 이해도와 공감력을 한층 더 높여주는 '초능력을 가진 파트너'로 우리 곁에 와 있습니다. 인공지능은 단순히 인간의 노동을 대체하는 것이 아니라, 아이디어의 씨앗을 틔우고, 논리의 빈틈을 메우며, 경쟁력 있는 스토리라인을 구축하도록 돕습니다. GPT-4와 같은 언어 모델은 방대한 데이터를 학습해 프로포절의 핵심 요소—문제 정의부터 해결 방안, 예산 계획까지—를 체계화하는 데 놀라운 속도를 보여줍니다. 마치 경험 많은 컨설턴트와 협업하는 것처럼 말이죠. 기존 애써왔던 그 노력이 참으로 억울할 정도로 인공지능은 기존 프로포절 작성에 대한 전반적인 과정을 혁신적으로 바꿔놓았습니다.

이 책은 단순한 매뉴얼이 아닙니다. 인공지능이 제안서 초안을 신속하게 생성하는 법, 프로포절 항목별로 전략을 세우고 수정 보완하는 기술, 데이터 분석을 통한 맞춤형 제안서를 설계하는 방법 등을 실제 적용 사례를 바탕으로 보다 자세히 소개되어 있습니다. 물론 AI만으로 완벽한 제안서가 탄생하지는 않습니다. 어찌 보면 AI가 제시한 결과물을 믿고 그대로 수행하는 것이 참으로 무서운 일일 수도 있습니다. 이 책은 단순히 인공 지능을 통해 빠르게 작성하는 방법을 설명할 뿐만 아니라, 프로포절로 30억 이상 선정된 기존 경험과 다양한 영역을 실제 수행한 저자의 경험을 바탕으로 차별화된 전략과 방법을 소개함으로써, 최종 프로포절로 선정될 수 있는 기가 막힌 방법을 자세히 소개합니다.

이 책이 여러분의 다음 프로젝트, 아니 미래의 프로포절을 바꿀 첫걸음
이 되길 바랍니다.

AI로 승부하면, 이제 프로포절은 더 이상 스트레스가 아닌 성장의 기회
가 될 것이라고 생각합니다.

함께 미래를 써 내려갈 준비가 되셨나요?
그 여정의 첫 페이지를 넘겨주세요.

김태현

프로포절과 AI, 구조부터 설계하기

Step 1

사회복지 프로포절 이해와 기본 구조

1

프로포절의 역할과
실제 영향력

프로포절의 의미

보통 사회복지 현장에서는 정부로부터 지원받은 보조금으로 시설을 운영하는 경우가 많다. 하지만 보조금만으로는 시설 운영비 및 인건비 사용이 대부분이어서 좀 더 나은 서비스를 제공하는 데 있어 매우 부족한 것이 사실이다. 사회복지시설은 좀 더 안정된 시설 운영과 질 높은 서비스를 제공하기 위하여 다양한 후원사업을 기획하여 진행하고 있지만 도리어 후원사업 개발에 대한 경쟁만이 높아져 갈 뿐 실제 도움이 될 만한 모금이 되기에는 쉽지 않다. 규모 있는 지원 등을 고려하였을 때 프로포절은 사회복지 현장에서 매우 매력적인 대안으로 자리매김되고 있다. 프로포절은 'Propose'에서 파생된 용어로, 사회복지시설에서 수행하고자 하는 사업이나 프로그램의 내용을 설명하는 사업 제안서를 말한다. 또한 경쟁력을 높여 서비스의 질을 향상시키며 기금 및 배분의 투명성을 확보하기 위해 대부분 지원처에서 기본적으로 요구하는 서류이기도 하다.

프로포절을 통해 사업수행과 시설 운영에 필요한 재원이 마련될 수 있다. 클라이언트에게 제공되는 사회복지서비스 질이 더욱 향상된다는 것이 프로포절의 궁극적인 목표다. 그래서 사회복지시설에서는 보다 적극적으로 프로포절을 신청하고 진행하려고 한다. 프로포절을 작성하고 신청하고 진행하는 것이 참 만만치 않는 과정이어서 도리어 기획자들은 프로포절을 작성하는 것을 꺼려하기도 한다. 이러한 프로포절은 보통 프로그램 중심의 프로포절과 기능보강 중심의 프로포절로 나누어 설명할 수 있다. 먼저 프로포절은 '특정 목적을 달성하기 위하여 설계된 일련의 계획적인 활동 집합체를 의미하는 프로그램'을 중심으로 작성하는 것으로서 클라이언트의 변화를 추구하는 방향으로 계획서를 작성해야 한다. 현황, 목적, 목표, 세부 대안, 예산, 평가, 기대효과 등의 내용이 논리적이면서 구체적으로 작성해야 하는 특징을 가지고 있어서 작성하는 페이지가 최소 20장 이상으로 구성된다.

프로포절의 유형

프로그램 중심 프로포절은 신청사업과 기획사업으로 구분해 설명할 수 있다. 신청사업은 지원처에서 별도의 주제를 제시하지 않는 경우가 많으며, 신청 기관과 지역사회, 클라이언트의 현황을 충분히 반영해 예산 범위 안에서 계획을 수립하는 방식이다. 신청기관과 관련된 현황을 전혀 이해하지 못한 지원처인 경우, 신청기관의 상황을 공감하지 못하는 경우가 발생할 수 있음으로 보다 출처가 명확한 객관적인 자료를 바탕으로 적절한 설득의 전략을 수립해야 한다. 신청사업과 다르게 기획사업은 지원처에서 제공하는 특별한 주제 및 대상을 바탕으로 작성해야 하는 특징을 가지고 있어서 그에 대한 충분한 이해가 필요하며, 사전 제시된 주제 및 대상과 기존 신청기관이 가지고 있던 경험을 병합하여 계획서를 작성한다.

　기능보강 중심의 프로포절은 사회복지시설 및 사업의 효율적인 운영을 위한 물품 지원 및 개보수 프로그램이라고 설명할 수 있다. 가전, 컴퓨터, 공기청정기 등을 지원하는 물품 중심의 지원. 누전, 누수, 건물구조 변경, 도배 및 장판 교체 등의 환경 개선 등의 개보수 지원. 차량 교체 및 차량 노후화로 인한 물품 지원 및 수리비 지원 등의 차량 지원 사업 등이 기능보강 중심의 프로포절에 속한다. 이와 같은 기능보강 중심의 프로포절은 단순히 물품을 지원 요청하는 것도 중요하지만 지원 물품 및 개보수 등의 활용 부분과 운영의 효과성 부분을 보다 구체적으로 작성해야 하는 특징을 가지고 있다. 단순히 시설의 자산취득 차원으로 작성하기보다는 기존 노후화된 환경과 시설 운영 물품 등으로 겪게 되는 클라이언트 중심의 피해를 상세히 작성하고 물품 지원과 개보수 지원을 통해 클라이언트가 경험하게 되는 효과성을 중심으로 작성해야 한다.

　프로포절은 공공기관 및 민간기관으로 지원처를 구분할 수 있으며, 공공기관은 핵심적인 내용 중심으로 다소 적은 분량으로 작성하는 특징을 가지고 있다. 민간기관은 각 재단마다 추구하는 비전 등이 달라 지원받는 대상과 중점 지원 사업을 우선 파악하고 재단이 원하는 내용 중심으로 보다 구체적으로 작성해야 하는 특징을 가지고 있다. 이러한 프로포절은 다양한 지원처를 통해 다양한 형태로 지원됨으로써 사회복지시설 입장에서는 여러모로 지원받을 수 있는 이익이 크지만, 보다 많은 시설이 참여하여 프로포절을 신청하는 경우가 많아 웬만해서는 선정되기가 쉽지만은 않다. 지원처가 원하는 방향과 내용을 고려한 채 신청기관만의 세부적인 전략 수립이 어느 때보다 필요하다.

　사회복지 현장에서 프로포절은 다양한 지역사회의 문제 및 클라이언트의 욕구 등을 바탕으로 구체적이고 실현 가능한 솔루션을 제안하며 보통 문제 진단 및 필요성, 목표, 세부 실행 계획, 예산 및 자원, 성과평가 방법으로 구성된다. 사회복지 현장에서는 프로포절을 통해 여러 가지 핵심적인 역할을 수행하게 되는데 정부, 자지체, 민간 재단, 기업의 지원을 받기 위해 논리적이고 설득력 있는 근거 등을 제시하고 풍성한 인적 및 물적 자원을 동원해 사업 계획을 수립하였을 때 결국 예산을 확보할 수 있다. 클라이언트의 특성과 욕구 등을 반영해 개별화된 접근법을 제시함으로써 클라이언트 중심의 맞춤형 프로그램이 설계되며 지속 가능한 지역사회 변화를 촉진시킬 수 있다.

　최근 지역사회와 클라이언트의 현황은 매우 복잡하고 다양해졌다. 어느 특정한 사회복지시설 중심으로 현재 놓인 현황 등을 해결하기에는 불가능할 정도다. 어느 때보다 지역사회 중심으로, 클라이언트를 중심으로 다양한 기관 및 단체들이 협력하여 불가능하게 느껴지는 지역사회의 문제들까지도 해결해야 하지만, 제대로 협력이 이뤄지지 않는 이유는 실제로 운영할 예산이 없거나 부족하기 때문이다. 프로포절을 통한 자원 및 재원이 마련된다면 지역사회 내 다양한 기관 및 단체와의 협력이 보다 원활하게 진행될 것이며 결국 지역사회와 클라이언트의 큰 변화를 이끌어 낼 수 있다. 함께 고민에만 그치는 것이 아니라 프로포절을 통해 변화의 시작점이 된다는 이야기이다. 이와 같이 프로포절은 단순한 문서 작성에만 끝나는 것이 아니라 사회 문제 해결을 위한 전략적 도구로 사용된다. 그래서 사회복지시설은 이러한 현황 등을 해결하기 위하여 프로포절에 대한 깊은 관심과 함께 적극적으로 신청을 하고 있는 것이다.

2

프로포절 유형 한눈에 정리
: 신청·기획·기능보강·소규모시설

신청사업 사례

신청사업 양식

신청사업의 기본 구조와 핵심 요소

프로포절은 클라이언트의 욕구와 문제, 욕구와 문제를 해결하는 구체적인 대안, 목적 및 목표, 예산, 평가, 기대효과 등이 종합적으로 명확한 논리구조와 함께 구체적인 실행 계획을 바탕으로 작성되어야 한다. 특별히 두 가지 관점이 매우 중요한데 첫 번째는 프로포절의 주인공인 클라이언트를 중심으로 작성해야 한다는 점에서 클라이언트가 현재 겪고 있는 상황과 욕구 등을 충분히 파악하는 가운데 작성해야 한다. 두 번째는 다양한 시각과 관점, 신청기관의 경험, 객관적인 자료를 바탕으로 작성해야 하는데, 작성하는 담당자의 입장으로만 작성하는 것이 아니라 지원처와 심사위원의 입장에서 이해하고 공감할 수 있는 세부 전략들을 세워나가기 위해 또 다른 대안, 다른 시선과 관점이라는 깊은 고민이 면접 과정에 참여할 때까지 계속 이뤄져야 한다.

　일반적인 사회복지 프로포절은 프로그램 지원 사업이든, 기능보강사업에 따라서 기본 구조가 다소 달라질 수 있으며 공통적인 부분은 주요 지원 대상인 클라이언트를 제시하고 클라이언트의 모집 및 홍보 방안이 제시되어야 한다는 점이다. 프로포절은 신청기관이 왜 지원을 받아야 하는지에 대한 물음과 답변이 필요성 부분, 프로포절의 목적과 목표, 클라이언트의 어려움과 욕구를 해결할 구체적인 대안, 구체적인 대안을 실행할 예산 부분, 목적 및 목표 실행 정도와 성과 달성 여부 등을 평가하는 부분, 기대효과 등으로 구성되어 있다.

　프로포절은 세 가지 양식으로 구성된다. 첫 번째는 전체 내용 중 핵심적인 내용 중심으로 구성된 신청서이며 두 번째는 프로그램을 실제 운영이 가능한지 판단할 수 있는 즉, 수행기관의 신뢰성을 파악하는 기관소개 부분이다. 마지막 세 번째는 프로그램 계획서 부분이다. 계획서에는 앞서 제시한 내용대로 프로그램 참여자(핵심 참여자), 참여자 모집 방안 및 홍보 방안, 사업의 목적 및 목표, 사업의 필요성, 세부 프로그램, 세부 프로그램을 운영하기 위한 구체적인 예산안, 목적 및 목표 달성 정도를 파악하고 사업의 성과를 평가하는 평가 부분, 기대효과 부분 등으로 구성된다.

프로포절, 현장에서 바로 쓰는 실전 전략

　프로포절에 대한 기본적인 요소와 함께 구체적으로 작성하는 방법은 다음과 같다. 단지 AI를 통해 작성하는 것도 있겠지만 기본적으로 작성하는 방법들을 이해하는 가운데 AI 도구를 활용한다면 좀 더 매력적인 프로포절이 완성될 수 있다. 프로포절 내 계획서 중에서 가장 먼저 나오는 요소는 사업명인데 심사위원은 모든 사업 계획서를 검토할 수 없어서 대상, 방법, 목적으로 구성된 사업명을 보다 매력적으로 작성하는 노력이 필요하며 사업명을 통해 전반적인 사업 계획서를 파악할 수 있도록 한다. 사업명과 연결된 부제도 매력적으로 작성되어야 하는데 무작정 부제를 작성하는 것보다 지원처와 심사위원들에게 감동을 줄 만한 부제를 선택하고 사업명 및 부제 밑에 사업명의 명확한 의미를 작성한다.

클라이언트를 제시하는 부분은 대상자의 선정기준, 참여자 수, 모집 방법 등을 구체적으로 작성해야 한다. 프로포절은 대상자의 접근성과 취약계층 즉, 사회복지 사각지대에 놓인 클라이언트를 발굴하고 참여시키는 원칙을 따라야 한다. 단순히 지속적으로 지원을 받거나 신체가 건강하여 참여에 전혀 어려움이 없는 대상자를 선정하는 것이 아니라 그럼에도 불구하고 참여하지 못하고 지원하지 못해 더욱 악화 되어가는 클라이언트를 발굴하고 선발하는 것은 매우 중요하다. 이러한 선발 과정도 한 사회복지시설만이 수행할 수 없기 때문에 충분히 사전에 관련 기관과의 소통과 협력을 통해 선발 기준을 사회복지 현장에 맞게 세워나간다.

신청사업의 세부 항목별 프로포절 작성 전략

사업의 필요성 부분인데, 사업의 필요성은 왜 지원처에서 신청기관이나 선정된 클라이언트에게 왜 지원해줘야 하는지에 대한 분명한 답변을 하는 것이다. 필요성을 설명할 때는 감정적인 언어와 호소보다는 객관적인 자료를 근거로 제시해야 하며 구구절절한 내용 제시보다는 핵심 포인트가 포함된 강력한 메시지를 필요성을 통해 전달해야 한다. 즉, 이 사업이 왜 절실한가에 대한 사회목적인 정당성을 부여해야 한다.

사업의 목적 및 목표 부분이다. 목적은 프로그램이 추구하는 방향, 달성하고자 하는 등을 표현하는 것인데 목적을 작성할 때는 표적집단, 클라이언트의 욕구와 문제, 프로그램의 활동, 클라이언트의 욕구와 문제 변화의 바람직한 미래상(지향점)의 요소들을 포함하여 작성한다. 목표는 목적과 다르게 구체적이면서 측정 가능하게 작성되어야 하는데 먼저 성과목표와 산출목표로 나눠 설명하고자 한다. 산출목표는 실천가의 개입 강도나 클라이언트의 노력의 총량을 작성한다. 예를 들어 몇 회 참여, 몇 명 참여 등으로 작성하면 된다. 성과목표는 클라이언트의 변화를 의미하는 성과로 표현하는 것이다. 예를 들어 자아존중감 향상, 자기효능감 향상 등 성과 향상이라는 측면으로 작성하면 된다. 이 부분에서 중요하게 여겨야 할 부분은 목적과 목표에 맞게 작성하는 것과 목적과 목표, 세부 목표들이 논리적으로 연결되어야 한다는 점이다.

세부 사업내용 부분이다. 사업의 목적과 목표를 달성한 세부 대안으로서 프로포절 작성 시 제3자가 충분히 이해하고 공감할 정도로 구체적으로 작성해야 하는 특징을 가지고 있다. 세부 사업을 구성할 때에는 안정된 사업이 운영할 수 있는 프로그램과 클라이언트의 변화를 이끌 수 있는 3~4개 정도의 프로그램으로 구성한다. 발달장애인의 지역사회 전환 자립 지원 프로그램 "동그라미 마을"은 안정화된 사업 운영을 위하여 중장기발전위원회, 연구사업, 연합발표회 등의 따뜻한 마을공동체 지원 사업으로 구성하였고 클라이언트의 특성과 상황에 맞게 장애인연합프로그램, 자립훈련프로그램 등으로 구성하였다. 사업 운영 예산 부분은 매우 현실적인 부분을 제시하는 것인데 운영 예산안을 구성할 때는 지원처에서 제공한 예산 지침을 가지고 명확하게 예산안을 구성해야 한다. 보통 인건비, 사업비, 관리운영비로 구성되며 지원처에서 만약 공지되어 인건비 지원이 가능하다면 예산 지침에 맞게 인건비를 책정하고 최소한의 관리운영비를 책정토록 한다. 프로포절은 대부분 사업비의 비중이 제일 높다. 사업비 예산 안에서도 간접 사업비와 직접 사업비로 나눠져 있어서 직접 사업비 비율을 최대한 높여야 한다.

조직 및 인력 부분이다. 실제 프로포절을 운영할 사업수행 조직을 구성하고 함께 협력할 지역 내외의 협력단체의 분명한 업무 분장을 통해 구체적인 업무 협력 내용을 작성한다. 단순히 지원금으로는 본 사업의 목적과 목표를 달성하는 데 때론 한계와 어려움이 있기 때문에 지역 내외에 있는 다양한 협력 기관들을 발굴하여 함께 본 사업을 진행해야 한다. 마지막 요소로서 성과 관리 및 평가 부분이다. 앞서 세운 사업의 목적과 목표를 어떻게 평가할 것인지, 어떻게 모니터링을 할 것인지, 어떤 도구를 사용하여 평가를 수행할지를 구체적으로 작성한다. 양적 자료인 설문조사를 통해 평가를 진행할 수 있고, 관찰 등의 질적 도구를 활용하여 평가를 할 수 있으나 최근 신뢰도와 타당도가 검증된 척도를 활용하여 사전, 사후 척도 검사를 통해 사업 운영의 효과성 등을 평가한다.

기획사업 사례

기획사업의 기본 구조와 핵심 요소

특별한 대상과 주제가 제시된 기획사업인 경우에는 사업의 규모 등이 커서 1년 차 계획서와 3년 차 계획서를 작성하는 특징이 있다. 1년 차 사업 계획서는 3년치 사업 계획의 기준 정도를 설명하는 계획서이며, 2년 차~3년 차 사업 계획서는 기존 기획한 사업을 안정화시키고 활성화시켜 결국 지역사회 내에 정착할 수 있는 구체적인 대안이 제시된다.

3개년 사업 계획서

기획사업인 경우 3개년 사업 계획서와 1차 연도 사업 계획서로 구성되어 있으며, 3개년 사업 계획서는 사업명, 사업내용 및 추진 전략(사업 참여 대상 및 인원, 연차별 사업내용, 기관 연계 협력 전략), 예산 편성, 문제의식(사업 계획 배경, 기존 유사 사업과의 차별성, 신청기관의 강점), 목표 및 평가(성과평가, 과정평가), 사업 종료 후 지향점(사업수행으로 인한 기대효과, 사업 결과의 활용 계획, 사업 지속 유지 전략)으로 구성되어 있다.

사업명은 대상, 목적, 방법과 관련된 정보를 담은 사업명으로 작성되어야 하며, 사업명과 연결될 수 있는 매력적인 부제도 함께 작성해야 한다.

사업 참여 대상 및 인원은 누가 사업에 참여하는 것과 연차별 참여자와 주변 참여자를 상호 관련성 있게 작성해야 한다. 연차별 사업내용으로서는 각 연차별 인과관계 등을 포함시키며 연차별 주요 초점 중심으로 제시해야 하는데 보통 1년 차는 안정화, 2년 차는 활성화, 3년 차는 정착화 및 보급화 측면으로 연차별 특징들을 작성한다. 기관 연계 협력 전략 부분은 본 사업이 보다 효율적으로 운영될 수 있도록 사업과 관련된 협력 기관과 구체적인 협조 내용을 작성한다. 예산 편성 부분은 사업에 직접 투입되는 예산 내 주요 세목(세부 사업별)의 금액과 비중이 사업 연차별로 어느 정도 차지하는지에 대해 작성한다.

4. 문제의식(사업 필요성)
  1) 사업 계획 배경
  2) 기존 유사 사업과의 차별성
  3) 신청기관의 강점

사업의 필요성이라는 문제의식 부분에서는 사업 계획 배경, 기존 유사 사업과의 차별성, 신청기관의 강점 부분 중심으로 작성하는데, 본 사업을 계획한 배경을 명확한 데이터를 바탕으로 작성토록 하며, 제시한 주제에 맞는 다양한 유사 사업을 살펴보고 기획한 사업이 기존 운영된 사업과의 특별한 차별적인 부분 중심으로 작성한다. 신청기관의 강점은 지원 사업을 보다 효율적으로 운영할 수 있는 신청기관만의 강점을 중심으로 작성하는데 보통 관련 사업에 대한 수행 경험이 있고, 보다 효율적인 운영을 도모하기 위해 지역사회 내외에 다양한 협력 기관들이 있는 등의 신청기관만이 가지고 있는 특별한 강점을 찾아서 구체적으로, 실제 사례 중심으로 작성토록 한다.

<table>
<tr><td colspan="3">5. 목표 및 평가
　1) 성과평가</td></tr>
</table>

성과목표	평가 도구 및 방법	측정 시기

　2) 과정평가(선택)

평가대상 내용	평가 방법	측정 시기

6. 사업 종료 후 지향점
　1) 사업 수행으로 인한 기대효과
　2) 사업 결과의 활용 계획
　3) 사업 지속 유지 전략

성과 목표는 3년 뒤 핵심 참여자의 어떤 부분을 어느 수준까지 변화시킬 목표를 가지고 있는지를 작성하는 것이다. 앞서 작성한 사업내용과 성과 목표를 논리적으로 연결하며 작성해야 한다. 성과 목표 달성 여부와 정도를 판단하기 위해 어떤 성과지표를 설정하고 제시된 성과 목표에 대한 평가계획(자료수집방법 등을 포함)도 함께 작성한다. 과정평가는 어떤 과정을 통해 성과를 거두게 되었는지에 대한 내용을 어떻게 보여줄 수 있는지 작성한다.

사업 종료 후 지향점은 사업수행이 성공적으로 수행되어 기대되는 효과를 작성하는 것인데, 클라이언트, 지역사회 측면에서 기대되는 효과를 구체적으로 작성한다. 사업의 효과로 나타난 결과를 어떻게 활용할 계획이며 유사 기관이나 지역사회에 꼭 알리고 싶은 이야기 중심으로 작성한다. 지원처로부터 사업 종료 후 후속적인 사업 추진 계획을 작성하며, 단계별로 어떻게 반영하여 이뤄갈지를 구체적으로 작성한다.

1차 연도 사업 계획서 작성 전략

1차 연도 사업 계획서 부분은 3개년 사업 계획서와 중복되는 부분이 있어서, 추가적으로 작성해야 하는 부분 중심으로 설명하고자 한다. 사업내용 및 추진 전략 부분에서는 참여자 선정기준과 참여자 모집 방안을 작성해야 한다. 참여자 선정기준은 어떤 기준에 따라 참여자를 선발할 것인지에 대한 대안을 구체적으로 작성하는 것이다.

사업 참여자 부분에서는 핵심 참여자 부분이 매우 중요한 부분 중에 하나이다. 성과를 측정하게 되는 대상은 누구이며, 인원은 몇 명인가, 본 사업에 참여하게 함으로써 누구의 변화를 이끌어내려고 하는 것인가에 대한 명확한 답변을 작성하는 것이다. 보통 사람들이 생각하는 것과 다르게 기획자는 핵심 참여자 중 더 어렵고 지원이 각별히 요구되는 대상이 누구인지 최종 결정하는 신중한 노력을 통해 결국 프로포절 선정 여부에 크게 영향을 줄 수 있다. 최종 선정된 핵심 참여자의 내용은 프로포절 내용 중 필요성 부분에도 동일하게 연결되며, 핵심 참여자의 욕구와 어려움을 해결하는 대안까지 함께 연결되는 부분임으로 핵심 참여자의 선정을 더욱 신중하게 고려해야 한다.

　신청기관에서 선착순으로 모집하겠다는 단순한 방법보다는 지역사회 내에 사회복지 사각지대에 놓인 대상자 부분을 어떠한 기준으로 선발할 것인가에 대해 구체적인 기준(안)이 제시되어야 하며, 지역사회에 맞게 사회복지 사각지대에 놓인 대상자들이 포함될 수 있는 현장 중심의 선정기준이 요구된다. 참여자의 모집 방안은 기준에 적합한 참여자를 어떻게 모집할 예정인가를 설명해야 하는 것인데, 민과 관이 협력하여 참여자를 모집하고 발굴하는 차원으로 방안을 모색한다.

　1차 연도 사업 계획서를 작성할 때는 몇 개의 세부 사업으로 분류해야 하며, 무조건 건물만 짓는 형태가 아닌 안전한 건물이 지어질 수 있는 안정적인 땅을 만드는 작업까지 폭넓게 구성해야 한다. 1차 연도 사업 계획의 방향은 보통 안정성을 유지하고 새롭게 도전하는 차원으로 구성해야 하는 특징 때문에 사업의 목적에 맞는 적절한 사업으로 구성해야 한다. 세부 사업별로 시행 방법, 시행 시기 및 횟수, 참여 인원, 사업 진행 일정 등 구체적인 정보를 담아서 기술한다. 보통 사람들이 생각하는 수준에서 벗어나 전체 사업 계획서가 완성될 때까지 다른 시선과 관점을 가지고 새롭게 바꾸고자 고민하고 연구하는 노력도 함께 필요하다.

　3개년 사업 계획서에 기반하여 1차 연도 사업을 어떻게 추진할 것인지에 대하여 세부 사업별 시행 방법, 시행시기 및 횟수, 참여 인원, 사업 진행 일정 등 구체적인 정보를 담아서 기술해야 한다. 앞서 설명한 것처럼 이 부분에서도 다양한 문헌 자료 등을 활용하여 또 다른 관점과 방법을 찾는 데 집중해야 한다. 기획자로서 깊은 고민이 세부 사업 내용에 담아졌을 때 기존 지원 방식에서 벗어난 새로운 대안으로서 여겨지게 된다. 새로운 대안이야말로 결국 혁신적인 방안으로 평가되어 결국 프로포절이 선정될 확률이 한 층 더 높아진다.

　사업 진행 일정은 세부 사업명과 활동 내용을 작성하고, 사업 추진 일정을 음영, 화살표, 도형으로 표시하는 것인데 결국 1년 동안 지속적으로 사업이 운영될 계획임을 빠짐없이 작성하는 것이다. 사업홍보, 참여자 선발, 세부 프로그램별 일정, 과정평가, 최종 평가, 구체적인 사업 운영 계획에 맞게 추진 일정을 전체적으로 작성하되 세부 프로그램은 가장 효과적인 성과 날짜 등을 고려하여 추진 일정을 수립하고, 점차 심도 있는 프로그램이 진행될 수 있도록 세부 프로그램 일정도 고려해야 한다. 사업수행 인력은 기획사업을 통해 선발된 담당 인력과 함께 신청기관의 내부 인력 중 사업에 직접 투입하는 주요 인력을 이름, 소속·직위, 역할, 주요 경력을 중심으로 작성토록 하는데 전담 인력 업무계획서도 함께 제출하기도 한다.

기능보강사업 사례

기능보강사업 양식

기능보강사업의 기본 구조와 핵심 요소

　기능보강 중심의 프로포절은 구조와 요소 부분이 다소 다르다. 기능보강사업은 보통 사회복지시설 및 사업의 효율적인 운영을 위한 물품지원 및 개보수 프로그램으로 정의한다. 기능보강 중심의 프로포절은 가전, 컴퓨터, 냉난방기 등의 물품을 지원하거나 누전, 누수, 도배 및 장판 등의 환경 개선, 건물구조 변경 등의 개보수, 차량 교체, 차량 노후화로 인한 타이어 등의 물품 교체 및 수리비 지원 등이 이에 속한다. 기능보강 중심의 프로포절을 작성할 때는 프로그램 중심의 프로포절을 작성하는 것과 동일하게 작성하는 부분이 있지만 지원 물품 및 개보수 등의 활용 부분과 시설 운영의 효과성 부분을 구체적으로 작성해야 하는 특징을 가지고 있다. 단순히 시설 측면에서 자산취득 차원으로 작성하면 선정될 확률이 매우 적으며, 노후화된 차량 및 환경 등으로 인해 결국 클라이언트에게 큰 피해를 줄 수 있다는 점을 강조하거나 클라이언트를 중심으로 진행되는 프로그램을 더욱 효율적으로 운영할 수 있다는 구체적인 실행 방안을 작성한다.

휠체어 이용인분들에게 노후화된 리프트가 있거나 혹은 리프트 차량이 전혀 없다고 지원의 필요성을 강조하면서, 결국 리프트 차량을 지원 받을 시 매주마다 병원을 방문하여 의료지원서비스를 보다 효율적으로 받을 수 있다고 작성한다. 평소 휠체어를 탑승할 리프트 차량이 없어서 외부 활동에 제약이 있었는데 리프트 차량을 지원받게 된다면 휠체어 이용 장애인들에게 다양한 효과가 발생할 수 있다는 점들을 강조하면서 프로포절을 작성한다. 최근에는 기능보강사업도 단순히 환경 개선 등으로 지원하는 경우도 있으나 복지 현안의 주제와 연관되어 프로포절을 작성하였을 때 선정될 확률이 높아진다. 복지 현안은 지역사회 내에서 긴급하게 해결이 필요하거나 기존의 제도적 지원만으로는 충분히 대응하기 어려운 사회복지적 이슈이다. 예를 들어 도전적 행동을 하는 장애인을 위한 환경개선, 발달장애인의 자립 훈련 공간 마련을 위한 기능보강사업, 고령 장애인을 위한 환경개선, 독거노인 낙상사고 예방 환경개선 같은 공모사업인 경우가 이에 속한다.

　기능보강사업 중 대표적인 지원 사업 중에 하나인 차량지원 사업은 지원처 별로 신청서 양식과 내용이 다르다. 차량지원 사업 작성에 있어 중요한 것 중에 하나는 최소 2대 이상이 있을 경우에는 신정될 확률이 매우 적을 수 있기 때문에 현재 신청기관에서 소유하고 있는 차량부터 확인이 필요하다. 많은 신청기관은 외부로부터 지원받았거나 자체 예산으로 차량을 구입한 경우가 많아서 최소 2대 이상 보통 소유하고 있다. 문제는 현재 가지고 있는 차량 때문에 외부로부터 지원받지 못하는 경우가 많다는 것이다. 이러한 경우 현재 차량의 노후화가 발생되어 결국 클라이언트에 큰 피해가 발생한다는 사실을 차량수리대장, 현재 노후화된 부분 중심으로 설명이 가능한 차량 사진 등의 객관적인 사실을 근거로 강력히 필요성을 설명해야 한다.

　때에 따라서는 휠체어 리프트 차량이 노후화되어 있는데 매주 병원을 방문하여 의료서비스를 받고 있다는 근거 자료 등과 같이, 현재 차량이 없거나 노후화된 차량으로 인하여 발생되고 있는 여러 상황 등을 설명할 수 있는 객관적인 자료를 첨부하는 것도 중요하다. 차량지원 사업을 신청할 때 핵심적으로 작성해야 할 부분은 지원받은 차량을 통해 어떻게 효율적으로 시설과 사업을 운영할 것인가에 대한 계획을 수립하는 것이다. 현재 신청기관에서 차량을 통해 운영하는 사업이 있는데 차량이 노후화되어 불편한 여러 상황을 구체적으로 작성하며, 지원받은 차량을 통해 어떻게 운영할지를 매우 구체적으로 작성하는 것이 필요하다. 예를 들어서 차량을 통해 휠체어 이용인이 병원 진료를 받는데 단순히 의료지원서비스 지원에 사용한다고 작성하기보다는 주 단위로 오전·오후 열 번 정도로 차량을 활용하고 신청기관에서 병원까지 편도 30km가 소요되어 결국 주 60km를 소요한다는 객관적인 데이터를 제시토록 한다.

사회복지공동모금회 기능보강지원 사업을 바탕으로 기능보강 중심의 프로포절에 대한 기본 구조와 핵심 요소를 설명하고자 한다. 사업 계획서 내에는 사업명, 지원 필요성, 사업내용(이용 대상 및 인원, 장비구입 및 개보수 구분 세부 사업내용, 사업 진행 일정), 예산 편성, 향후 운영 계획 부분으로 구성되어 있다. 프로그램 중심의 계획서와 다르게 다소 간단히 작성하는 특징이 있지만 사진 등의 자료를 바탕으로 작성하고 설명해야 하는 특징을 가지고 있다. 참고로 기능보강지원 사업의 형태에 따라 사업 계획서의 기본 구조와 핵심 요소는 다르지만, 중요하게 여겨야 할 부분은 기능보강사업을 통해 시설 및 사업 운영의 효율성을 증가시킨다는 점이기 때문에 효율성 측면에서 세부 계획들이 세워져야 한다.

사업 내용으로서 이용 대상 및 인원 부분과 장비 구입 부분, 개보수 부분으로 나누어져 있는데 신청기관의 해당 사항에 맞게 작성한다. 사업내용은 현재 신청기관의 현황을 보다 구체적으로 작성하고, 현황에 맞는 적절한 대안을 구체적으로 작성해야 하는 특징이 있다. 장비 구입 부분은 구입할 장비명을 작성하고 구체적인 용도와 사용 횟수, 사용 연한, 구입 수량, 사용 및 설치 장소를 작성토록 하며, 구입하고자 하는 장비 사진은 온라인 검색을 통해 다운로드 받은 사진을 첨부토록 한다. 개보수 부분인 경우에는 개보수를 할 장소와 개보수를 할 내용을 매우 구체적으로 작성하며, 단순히 공사만 한다는 것보다 사전 공사업체로부터 받은 견적서를 바탕으로 구체적인 개보수 내용을 작성한다.

사업 진행 일정은 단순히 물품 구입 일정과 공사 일정만 작성하는 것이 아니다. 사전 신청기관의 기능보강사업 관련 회의 진행, 견적 문의, 기능보강사업 신청, 실제 물품 구입 및 공사 일정까지 구체적으로 작성하며 물품 구입 및 공사 완료 후의 안전 점검 계획 및 보수 공사 일정도 추가로 작성해야 한다. 예산 편성 부분에서는 기능보강사업도 지원처의 예산 지침을 명확히 지켜야 한다. 기능보강사업은 대부분 사업비로 책정되는데 사전 물품 구입업체 및 공사업체로부터 받은 견적서를 바탕으로 작성하게 되며 최종 제출 시 사전 견적서와 비교 견적서를 함께 제출하며 보다 객관성을 확보한다.

(단위 : 원)

목	세목	계	산출근거	예산조달 계획				
				신청금액	비율(%)	자부담	비율(%)	자부담 재원
총 계								
사업비								
	소 계							
관리 운영비								
	소 계							

마지막은 향후 운영 계획 부분인데 물품 구입 및 공사 완료 후 진행될 계획들을 작성하는 것이다. 안전 문제가 발생되지 않도록 수시로 모니터링을 진행하는지, 기능보강사업의 추진 체계, 기능보강사업의 평가 방법, 사후 관리 및 유지보수 계획 등을 작성한다.

구분	수행 내용	비고
모니터링		
추진체계		
평가방법		
사후관리 및 유지보수 계획		

소규모복지기관 지원 사업 양식 소개

소규모복지기관 지원 사업 기능보강 계획서 양식   소규모복지기관 지원 사업 프로그램 계획서 양식

소규모복지기관지원 사업은 40인 이하의 생활시설, 상시근로자 10인 이하의 이용시설, 국가 및 지자체의 경상보조금이 연간 2억 원 이하인 시설 및 단체를 대상으로 지원한다. 보통 소규모복지기관은 규모상으로 보통 복지기관과 현격한 차이가 있고 적은 수행 인력과 프로그램을 진행할 장소 등도 부족하여 프로포절이 선정될 가능성이 매우 적다. 프로그램 지원과 기능보강 지원이 어느 기관과 동일하게 필요하지만 실제 지원을 받아도 진행할 수 없는 현실적인 어려움 때문에 프로포절을 신청하지 못하는 경우가 많지만, 소규모복지기관의 배분사업 참여기회 확대 차원에서 지원하는 사업이다. 지원 규모는 최대 500만 원 이내이며 프로그램 및 기능보강 등 일회 지원으로 효과가 기대되는 내용 중심으로, 기관 재정의 어려움으로 지원이 필요한 내용 중심으로 작성해야 한다.

기본 구조와 핵심 요소

지원처마다 소규모복지기관 지원 사업의 기본 구조와 요소는 다를 수 있지만 핵심적인 요소 중심으로 구성되어 있다는 점이 특징이다. 사업명, 사업 필요성, 사업내용 및 추진 방법(참여 대상 및 인원, 참여자 선정기준, 참여자 모집 방안, 사업내용 및 방법), 예산 편성 정도로 간단히 작성하는데 전체 지원 규모에 맞게 적절히 작성해야 한다. 지원 규모가 500만 원 이하인데, 대규모 수준의 프로그램을 진행했다면 지원처 입장에서 실제 운영이 불가능하다고 판단될 수 있어서 다양한 프로그램을 운영한다는 계획보다는 선택과 집중 차원으로 한 분야에 집중적으로 실행하는 계획을 수립한다.

소규모복지기관 지원 사업은 프로그램 지원 사업 이외의 기능보강 중심의 지원 사업도 포함된다. 기존 작성한 기능보강사업 규모의 지원 사업은 아니지만 500만 원 이내에서 효과적인 서비스 제공 및 활동을 위한 개보수, 장비구입 등의 기능보강사업이다. 기능보강 중심 사업 계획서의 기본 구조와 요소는 프로그램 계획서와 동일하게 핵심적인 요소 중심으로 구성되어 있다.

작성 전략

소규모복지기관 지원 사업은 프로그램 지원과 기능보강사업으로 구분된다. 기존 지원 사업과 동일한 형태로 지원하게 되는데 특별히 다른 점은 소규모복지기관의 규모에 맞게 적절히 기획되어야 하는 만큼 예산 규모 등이 매우 적다는 점이다. 수행기관이 적은 예산만큼 가능한 사업 규모를 정해야 하며, 소규모복지기관 규모에 맞는 적절한 기능보강사업을 신청해야 한다. 그만큼 사업 계획서의 분량은 기존 다른 지원 사업보다 적다. 신청사업(프로그램)과 소규모복지기관 지원 사업은 계획서 내용 구성도 차이는 다음과 같다.

구분			신청사업	소규모복지기관 지원 사업
사업명			해당	해당
사업내용 및 추진 전략	사업 참여자 모집 전략	참여 대상 및 인원	해당	간단히 참여자 및 인원 참여 기준을 간단히 작성
		참여자 선정 기준	해당	
		참여자 모집 방안	해당	
	사업내용 및 사업진행 전략	세부 사업내용	해당	해당
		사업 진행 일정	해당	해당
		사업수행 인력	해당	해당
	기관 연계 협력 전략		해당	미해당
예산 편성			해당	해당
문제 의식 (사업 필요성)	사업 계획 배경		해당	해당
	기존 유사사업과의 차별성		해당	미해당
	신청기관의 강점		해당	미해당
목표 및 평가	산출 목표		해당	미해당
	성과목표 및 평가방법		해당	미해당
사업 종료 후 지향점	사업 수행으로 인한 기대효과		해당	미해당
	사업 결과의 활용 계획		해당	미해당

소규모복지기관 지원 사업 중 프로그램 계획서는 사업명, 사업의 필요성, 사업 내용 및 추진방법, 예산 편성으로 구성되어 있다. 사업명을 작성할 때는 전체적인 사업 계획서가 완성이 된 후 전체 사업의 내용이 포괄한 매력적인 사업명을 정하는 것이 매우 중요하다. 사업명을 보면 전체적인 사업의 내용을 알 수 있도록 대상, 목적, 방법이 포함되어야 하며 사업명의 의미를 매력적으로 느낄 수 있는 부제 선택도 함께 필요하다. 지원처에서 지원을 하게 되면 큰 효과를 낼 수 있다는 느낌이 들 수 있는 매력적인 사업명과 부제 작성이 매우 중요하다.

사업 내용 및 추진 방법은 사업 참여자 및 인원, 사업 내용 및 방법, 사업 진행 일정, 사업 수행 인력으로 구성되어 있다. 기존 규모가 있는 신청사업과 다르게 작성 분량이 적은 만큼 사업 규모에 맞게 임팩트한 작성 전략이 요구된다. 적은 분량으로 작성하는 것보다 어떻게 하면 지원처에게 어필할 수 있는지 신청기관 나름의 전략 수립이 어느 때보다 필요하다. 사업 참여자 및 인원은 참여 대상 및 인원, 참여자 선정 기준, 참여자 모집 방안으로 구분하여 작성하지 않으며 세 가지의 내용이 포함되어 간단히 작성하는 특징이 있다. 정말 지원이 필요한 대상자의 선별이 매우 중요하다. 다양한 문헌들과 현장 사례들을 면밀히 분석하여 가장 어려운 상황에 놓인 대상자의 선별이 필요한데 특별히 수행기관만의 입장보다는 다양한 협력기관들의 의견들이 포함하여 사각지대에 놓인 대상자를 찾고 선별하는 것이 매우 중요하다.

예산 편성 부분에 있어서는 인건비, 사업비, 관리운영비로 구분하여 작성하는데 소규모복지기관 지원 사업은 사업의 규모가 매우 적어서 인건비 작성보다는 사업비 중심으로 작성하는 경우가 크다. 사업비는 프로그램 수행에 필요한 직접 비용이다. 사업비 내에서도 홍보비, 회의비 등의 간접비 등이 있음으로 되도록 지원 대상자에게 직접 지원할 수 있는 직접 사업비 비율을 높이고 간접 비용은 최대한 줄이며, 지원금보다 수행 기관의 자부담으로 활용할 수 있는 방안을 찾는 것이 중요하다. 프로그램의 수행에 필요한 간접 비용, 사업관리에 필요한 비용을 보통 관리운영비라고 이야기하는데 사업비보다 관리운영비 예산이 많게 책정하지 않고 최소한의 관리운영비 책정이 필요하다. 중요한 것은 예산을 편성할 때는 명확한 근거가 필요하다는 점이다. 지원처에서 제공한 예산편성 기준표를 명확히 이해고 작성하는 것이 필요하다.

소규모복지기관 지원 사업인 만큼 핵심적인 내용 중심으로 구성되었다는 특징을 가지고 있다. 신청사업(기능보강)과 소규모복지기관 지원 사업(기능보강)의 계획서 구성은 다음과 같이 차이가 있다.

구분			신청사업	소규모복지기관 지원 사업
사업명			해당	해당
지원 필요성	주요 문제점		해당	해당
	관련 현황	장비	해당	해당
		개보수	해당	해당
사업 내용	이용 대상 및 인원		해당	해당
	세부 사업 내용	장비 구입	해당	해당
		개보수	해당	해당
	사업 진행 일정		해당	해당
예산 편성			해당	해당
향후 운영 계획			해당	해당

기능보강사업은 장비 구입과 개보수 부분으로 구분할 수 있는데, 신청기관마다 해당되는 사항에 전면사진, 후면사진, 측면(좌) 사진을 중심으로 작성한다. 사진을 통해 장비 구입이나 개보수의 필요성을 강조할 수 있기 때문에 노후화된 측면을 강조할 수 있는 사진 중심으로 작성되어야 한다. 시각적 퀄리티를 강조하기 위해서는 마치 눈앞에 있는 것처럼 디테일이 살아 있는 느낌이 있도록 사진 촬영이 필요하며 장비나 개보수 부분에서 노후화된 부분을 강조하여 급히 지원이 필요하다고 공감할 수 있도록 해야 한다.

기능보강 중심의 사업 계획서를 작성할 때는 소규모 기관의 재정 상황을 고려해 과도한 장비 구입이나 공사 진행을 피하고 현실성 있는 예산을 수립해야 하며, 소규모 인력으로 인해 더욱 지원 사업을 진행할 때 어려움 등이 예상됨으로 종사자별로 담당 업무를 정확히 명시해야 한다. 예산이 부족하여 실질적으로 기능보강이 필요한 핵심적인 사항을 정확히 선별하여 아이디어를 구성함으로써 적은 예산이지만 좀 더 효과성을 만들어낼 수 있는 부분 중심으로 작성해야 한다.

소규모복지기관지원 사업 사례

3

지금 AI 기반 프로포절이
필요한 이유

초안 설계와 작성 출발점

사회복지 현장과 사회복지 현장의 중심인 클라이언트의 환경과 사정은 수없이 변화되는 만큼 신속한 지원이 요구된다. 전문 기획자는 이러한 환경을 변화시키고 수많은 직무를 통해 지역사회의 변화를 이끄는 데 그 역할을 다하고 있다. 사회복지사는 한 가지 업무 이상의 다양한 업무와 함께 다양한 사회복지시설 종사자와 협력 기관과의 협력을 통해 통합적인 서비스를 제공하고자 최선의 노력을 다하고 있다. 사회복지 현장의 사회복지종사자들은 과중한 업무의 부담을 가지고 있는데 프로포절 작성, 사례관리, 프로그램 운영, 행정업무까지 수없이 담당하다 보니 때론 업무 과부하가 일어나 퇴직에 이르게 되는 상황까지 놓이게 된다. 소규모복지시설인 경우에는 기본 전문 인력 확보가 어려워 프로포절 준비조차 제대로 할 수 없어 프로포절 신청조차 꿈도 못 꾸는 경우가 많다.

사회복지사 평균 임금이 낮은 편이며 타 직종 대비 낮은 임금 때문에 우수 인재 유입이 점차 감소되기도 하며 프로포절 작성에 필요한 사회복지 현황 조사 및 분석, 기획 역량 등이 필요하지만 교육받을 기회조차 없거나 개개인별로 전문성 격차가 발생되는 것도 사실이다. AI 도구 등의 최신 기술을 활용한 프로포절 작성이 보편화되지 않아 기존처럼 많은 시간을 들여 작성하는 경우가 많으나, 수없이 많은 업무를 하게 되어 집중력 있게 전문적으로 작성하기에는 참으로 부족하다. 일일이 관련 자료를 찾아보고 분석하며, 현황과 환경에 맞고 클라이언트에게 맞는 우수하고 다양한 대안, 최고의 대안을 찾는 것에 대한 시간 및 자원이 낭비되고 있다.

초안 설계와 작성은 프로포절의 출발점이다. 이런 저런 내용을 포함시키려는 노력과 시작보다는 프로포절 내에 핵심적인 내용이 포함된 초안 작성이 우선 진행되어야 한다. 이러한 초안이 작성이 되었을 때 프로포절의 핵심적인 메시지가 만들어진다. 처음 프로포절을 작성하는 담당 기획자는 초안 작성보다는 처음부터 구체적으로 작성하려는 노력과 함께 주제와 관련이 없는 다양한 내용들을 포함시켜 불명확한 프로포절을 완성하고 실패의 경험을 겪게 된다. 지원처에게 분명한 메시지를 전달하려면, 핵심 내용으로 구성된 첫 초안 작성이 절대적으로 필요한데 AI를 통해 첫 초안 작성과 함께 문장까지 보다 빠르게 진행되게 된다. 인력과 시간이 부족한 소규모 사회복지시설이나 담당 기획자에게는 즉각적으로 체감할 수 있는 이익을 전해주기도 한다. 최근 들어 일부 사회복지시설 등은 AI를 활용하는 경우가 매우 높아졌으며 각자에게 주어진 수많은 직무 분야에 유용하게 활용하고 있다.

기존에는 연구, 데이터 분석 등에 시간과 함께 때론 비용까지 많이 드는 경우가 많았으나 AI를 활용하여 보다 빠르게 연구자료를 분석하고 요약하며 빠르게 경쟁력이 있는 프로포절을 만들어 제출할 수 있다. 사회복지 현장에서는 현재 문서작성, 문헌 연구 요약 및 분석 등 다양하게 활용되고 있다. 단순히 글을 잘 써야만 프로포절이 보다 쉽게 선정되는 것이 아니다. 여러 정보를 수집하고 분석과정과 함께 프로포절의 주제와 내용, 클라이언트의 여러 상황들을 고려하여 최고의 대안을 만들고 모든 과정을 논리적으로 작성해야 하는 이 과정조차 복잡해서 최신의 AI 도구를 활용하는 것이 어느 때보다 필요하다.

프로포절은 우리가 생각하는 것만큼 예산을 확보하는 등의 선정이 어렵다. 매년 수천 건의 프로포절이 다양한 지원처를 통해 접수되나 한정된 지원금으로 인하여 치열한 경쟁이 있다. 웬만해서는 선정되기 어려울 만큼 기존 사회복지 수행 경험과 함께 최근의 여러 AI 도구를 활용하여 신청기관만의 전략을 수립해야 한다. 프로포절은 지원처 및 심사위원마다 선호하는 평가 기준이 달라 일관된 전략을 세우기 어려워 AI 도구 등을 활용한 신청기관만의 세부 전략 수립, 지원처의 프로포절 선정기준에 따른 세부 전략 수립 등이 필요하다. 이러한 신청기관만의 세부 전략이 수립되었을 때 프로포절의 선정률은 높아진다.

보통 프로포절 작성은 오랜 시간이 소요되는 편이다. 처음 프로포절을 작성한 기획자는 더 많은 시간이 소요되며, 경력자일지라도 관련된 정보를 수집하고, 기존 사회복지 경험을 정리하고 분석하며, 그에 적절한 대안, 예산, 평가방법까지 수립하는 데 있어 신입 기획자와 별반 다르지 않게 많은 시간이 소요된다. 프로포절 작성이 완성되었다고 하여도 내부 검토 과정 등까지 있어서 생각보다 긴 시간을 투입하는 경우가 발생되지만 오직 프로포절 작성에만 집중할 만큼 시간이 그리 많지는 않은 편이다.

AI 도구 등을 활용하여 현재 지역사회의 현황 및 클라이언트의 현황, 프로포절 주요 지원 대상 및 주제에 대한 현재 이슈, 주제에 맞는 다양한 대안 마련까지 기존 소요된 시간을 최대한 줄일 수 있는 AI 활용이 너무나도 필요하다. 기존 프로포절 작성법 강의를 하는 경우에는 사업명의 중요성을 대단히 강조했다. 여전히 사업명 강조를 하지만 결국 사업명 작성이 중요한 만큼 맨 마지막 단계에 작성한 내용을 포함시켜 매우 매력적인 사업명을 AI 도구를 통해 알아보고 최고의 사업명을 정하게 된다. 기존 사업명 작성이 중요한 만큼 오랜 시간을 들여 매력적인 사업명을 작성했다면 이제는 AI를 통해 가장 매력적인 사업명을 몇 가지 사업명 가운데 손쉽게 결정할 수 있다.

차별화 포인트 설계

프로포절은 다른 신청기관과의 차별화된 요소들이 절대적으로 포함된다. 보통 사람이 생각하는 수준에서의 내용이 아니라, 나만이 생각할 만한 수준의 내용이 아니라 여러 상황 등을 고려하여 좀 더 차별화된 내용이 포함되어야 하지만, 신청기관이 기존 경험한 내용과 담당자로서의 경험만으로는 차별화된 내용을 선별하고 작성하는 것이 쉽지 않다. 더욱 AI 기반 데이터 분석, 자동화 도구 등을 활용하여 신청기관만의 차별화된 제안서를 작성할 수 있으며 결국 프로포절의 선정 확률이 매우 높아진다.

AI는 단순히 프로포절 작성에만 유용하게 사용되는 것이 아니다. 프로포절 심사과정 내의 다양한 단계별로 요청되는 것들에 대해 AI 활용이 매우 유용하게 사용된다. 보통 지원처별로 프로포절에 대한 심사기준이 별도로 구성되어 있는데 AI를 활용하여 여러 문건들로 종합적으로 검토하여 열심히 작성한 프로포절을 분석할 수 있고 지원처의 입장에서 여러 분석과 적절한 대안도 함께 제시함으로써 좀 더 보완된 프로포절을 완성시킬 수 있다. 서류 심사 이후 현장심사 및 면접심사 과정 속에서 준비되어야 할 프레젠테이션 제작도 AI를 활용할 수 있으며, 프로포절 면접심사 과정에서 질문할 예상 질문과 답변도 AI를 통해 정리할 수 있다. 단순히 한 사람의 의견으로 정보가 제공되는 것이 아니라 수만 가지의 정보를 분석하여 답변하는 AI는 프로포절 심사과정을 준비하는 데 매우 유용하게 사용된다.

사회복지 현장에서는 기존 사용했던 도구, 기법, 실천 방법에 너무나도 익숙해 있어 새로운 AI 도구를 새롭게 적용해보거나 각자의 직무에 적용하려는 노력조차 부족하고 AI 도구 활용을 위한 여러 교육 등에 참여하지 않는 경향도 많이 보인다. 실제 사회복지 현장의 상황과 수많은 직무를 맡고 있는 담당자에게는 더욱 AI 도구 활용이 필요하다. 세상이 변한만큼 영리 및 비영리기관과 다양한 기획자들은 수없이 발전된 AI 기술을 따라갈 수는 없겠지만, 가능한 프로포절을 작성하는 데 AI의 유용한 장점들을 활용한다면 결국 프로포절은 선정될 것이며, 지역사회와 클라이언트에게 질 높은 서비스를 제공할 수 있는 위대한 변화를 만들어 낼 수 있다.

4

—

AI 환경에서 달라지는
글쓰기 방식

AI 활용 시 달라지는 글쓰기 방식의 변화

AI는 단순히 '글을 대신 써주는 도구'가 아니라 글쓰기의 과정, 역할 분담, 검증 절차, 산출물 형태 자체를 바꾼다. 사회복지시설의 특성상 윤리성·사실성·현장성 확보가 핵심이므로, AI가 가져오는 변화는 기회이자 새로운 책임이다. AI를 활용한 사회복지시설 종사자들의 글쓰기 방식은 효율성, 품질, 창의성, 접근성 측면에서 혁신적인 변화를 겪고 있음에 따라서 실제 사례를 바탕으로 구체적으로 설명하고자 한다.

AI는 복잡한 보고서나 안내문의 초안을 몇 초 만에 생성한다. 예를 들어, "노인 일자리 사업 연간 보고서" 작성 시 AI가 참여 인원, 예산 집행 내역 등을 구조화해 초안을 제공하면, 사회복지시설 종사자는 세부 내용만 추가하면 된다. 설문조사나 통계 데이터를 AI에 입력하면 핵심 패턴을 추출하고 차트로 시각화한다. 예를 들어, "아동 결식률 감소 추이" 데이터를 분석해 정책 제안서의 근거로 활용할 수 있다.

데이터 분석 및 시각화는 AI를 활용한 사회복지시설 업무에서 의사결정

개선과 효과성 입증에 핵심적인 역할이다. 노인 우울증 예방 프로그램 참여자 100명을 대상으로 우울척도 사전 사후 설문 결과를 데이터로 입력하게 되면 통계 분석(평균 우울 척도 점수 변화, t-검정으로 유의미한 차이 검증 등)과 사전 사후 점수 비교 등의 시각화를 제시하고 프로그램 참여 후 우울척도 평균 점수가 33% 감소와 같은 효과성이 입증되었다는 결과를 해석하면서, 효과성이 높은 프로그램에 예산 확대 요청 및 미흡한 부분에 대한 개선 방안 수립이 필요하다는 개선 방안을 제시한다.

AI 도구가 문법 오류나 어색한 표현을 실시간으로 수정한다. 예를 들어, "장애인 활동지원사 매뉴얼"에서 "자기결정권을 존중해야 한다."는 표현을 "장애인의 자기결정권을 최우선으로 고려한다."로 명확하게 다듬어 주기도 하며, 최신 법령 개정 사항(예: 중대재해처벌법)을 실시간으로 검색해 문서에 반영하기도 한다. 예를 들어, "2025년 기초생활보장제도 변경" 내용을 제안서에 포함시켜 정확성을 높인다. AI와 대화하며 새로운 프로그램 아이디어를 발굴한다. 예를 들어, "발달장애인의 탈시설 정책에 따른 지역 맞춤형 지역사회 전환 자립 지원"을 묻는 질문에 AI가 "발달장애인들과 함께하는 연합 프로그램" 같은 혁신적 아이디어를 제안한다. 국내외 성공사례를 분석해 지역사회 상황에 맞는 실행 계획을 도출하는데 예를 들어, 영국의 탈시설 정책에 따른 발달장애인의 통합 돌봄 모델을 참고해 다양한 프로그램을 제안한다.

AI는 한국어를 영어, 베트남어 등 다양한 언어로 안내문을 번역하고 문화적 차이를 고려해 표현을 조정한다. "긴급 생계비 지원 신청" 안내문을 베트남어로 번역할 때 "가족 수가 많을수록 우선 지원"이라는 문구를 현지

   PART 1 프로포절과 AI, 구조부터 설계하기

관습에 맞게 설명한다. 시각장애인용 음성 안내문이나 고령자용 큰 글씨 안내문을 자동으로 생성해 접근성을 높이기도 하고 발달장애인을 위해 그림을 통한 교육 자료를 제작한다. AI는 성별, 계층적 편향이 포함된 표현을 감지하고 중립적인 언어로 수정한다. "청소년 자립 지원 프로그램"에서 "남학생은 기술 교육, 여학생은 가정 경제 교육"이라는 고정관념을 "모든 청소년이 관심 분야를 선택할 수 있도록 지원"으로 변경하기도 한다.

저소득층 지원 프로그램 보고서에서 "빈곤층은 게으르고 노력하지 않는다."는 편견이 담긴 문장이 포함되어 있다. 이는 계층적 편견으로, 클라이언트에게 모욕감을 줄 수 있어서 AI는 해당 문장을 "경제적 어려움은 개인의 노력만으로 해결하기 어려운 구조적 문제로, 사회적 지원이 필요하다."로 수정해 계층적 편견을 제거하기도 한다. 개인정보 보호 강화 부분으로써 클라이언트 사례 기록 시 이름, 주소 등 민감 정보를 자동으로 암호화하거나 삭제해 윤리적 문제를 예방하기도 한다. 한 사회복지시설에서 클라이언트의 상담 기록을 작성할 때, 이름, 주소, 연락처 등 민감 정보를 그대로 기록해 두는데 이 문서가 분실되면 개인정보 유출 사고로 이어지기 때문에 AI 도구가 문서에 포함된 민감 정보를 자동으로 탐지해 익명화하거나 암호화한다.

AI는 더 이상 단순한 도구가 아니라 종사자의 창의성과 전문성을 확장하는 파트너로 작용한다. 복잡한 데이터 처리, 다국어 소통, 법률적 검토 등에서 시간을 절약해주고, 인간의 감성적 판단과 결합해 더 나은 결과를 만들어낸다. 다만 AI의 한계를 인식하고, 윤리적 책임과 현장 경험을 바탕으로 활용한다면 사회복지시설의 글쓰기 업무는 한층 더 혁신적이고 효과적으로 변화된다.

AI 기반 실무 글쓰기 방식

　AI를 활용한 사회복지 종사자들이 글 쓰는 방법을 구체적으로 설명하고자 한다. 글쓰기를 할 때는 가장 먼저 글쓰기 목적과 대상을 분명하게 설정해야 한다. "발달장애인의 자립 지원주택" 프로포절 작성을 하기 위해서는 발달장애인의 자립 지원주택 지원 사업을 신청하여 사업 운영에 대한 예산 확보에 대한 목적을 설정하고 지원처 및 심사위원이라는 분명한 대상을 설정한다.

　두 번째는 "발달장애인의 자립 지원주택"에 관한 참여자의 현재 현황 등의 데이터, 자립 지원주택 관련 현재의 다양한 세부 프로그램 운영 내용 등을 가지고 분석 결과와 Google Sheets에 데이터를 입력해 AI 도구(Tableau, Power BI)로 시각화를 준비토록 한다. ChatGPT, Claude, CLOVA X 도구 등을 활용한 프로포절의 초안을 작성하고 초안에 따른 세부적인 내용 등을 사업 운영 담당자가 직접 채워나가도록 한다. 마지막 세 번째는 AI Fairness 360, Fairml 도구 등을 활용하여 윤리적 검토 및 편향성을 확인하고, 오타 및 수정할 부분을 AI 도구 등을 통해 최종 확인하고 프로포절을 제출 완료토록 한다.

　이러한 AI 활용을 통한 글쓰기를 위해 사회복지시설 종사자들은 목적, 대상, 길이 등에 대한 명확히 지시하는 프롬프트 설계 능력이 요구되어지며 통계, 법령, 연구 인용을 원문으로부터 확인하는 사실 검증 능력이 함께 필요하다. 사례 익명화 및 민감 정보 취급 프로토콜을 숙지하는 윤리적 및 개인정보를 관리하는 능력이 필요하며 버전 및 문서 관리와 AI가 만든 자료의 오류 및 편향에 대한 최종 책임은 사람에게 있음을 인식해야 한다.

프로포절은 지원처에게 제출하는 서류로서 지원처의 심사위원들이 공감할 수 있고 이해할 수 있도록 설득력 높은 글을 써야 한다. 막상 프로포절 내용 중 필요성 부분을 작성할 때도 여러 가지의 내용을 작성하다보니 매끄럽지 않게 글을 쓰는 경우가 종종 발생된다. 이러한 실수를 범하지 않도록 클로드의 AI 도구를 활용토록 한다. 먼저 내가 쓴 글을 프롬프트에 입력하거나 붙여 넣고, 마크다운 형식의 구분선(하이픈 세 개)를 그어준 뒤 수정을 요청한다. 수정한 글은 볼드체로 표시해 달라고 하면 어떤 내용인 수정되었는지 쉽게 파악할 수 있다.

프롬프트

(내가 쓴 글)

위 글의 내용은 그대로 전달하되 글이 자연스럽게 읽히도록 수정해줘. 수정한 부분은 볼드체로 표시해줘.

Step 2

생성형 AI 도구
이해와
활용 준비

1

생성형 AI의 개념과
작동 원리

생성형 AI(Generative AI)의 뜻과 특징

생성형 AI는 기존 데이터의 패턴과 구조를 학습하여 텍스트, 이미지, 오디오, 코드 등 새로운 콘텐츠를 생성할 수 있는 인공 지능 기술을 말한다. 단순히 데이터를 분류하거나 예측하는 전통적인 분석형 AI와 달리, 데이터의 분포를 학습하여 창작의 영역을 수행하는 것이 특징이 있는데 이것은 기계 학습의 한 분야이면서 복잡한 데이터 패턴을 계층적 구조로 학습해 높은 수준의 추론과 예측을 가능한 딥러닝 기술, 특히 인간의 뇌 신경세포(뉴런)의 작동 방식을 모방한 계산 모델이다. 복잡한 패턴 인식과 문제 해결을 위해 데이터를 계층적으로 처리하는 인공신경망에 기반하고 있다.

텍스트, 이미지, 코드, 음성 등 다양한 유형의 데이터를 생성하고 "겨울에는 ___"이라는 프롬프트에 "눈이 온다."와 "스키를 탄다." 중 확률이 높은 문장을 선택하는 것처럼 다음 예측을 기반으로 동작하며, 생성 과정에서 불확실성이 존재한다. 수십억 개 이상의 파라미터를 가진 초거대 모델로, 학습에 막대한 데이터와 계산 능력이 필요하며 프롬프트의 방식에 따라 결과 품질이 크게 달라지며 인가의 아이디어를 확장하거나 새로운 관점을 제안하지만 존재하지 않는 정보나 사실과 다른 내용을 생성할 수 있는 할루시네이션(Hallucination, 환각 현상)의 위험을 가지고 있다.

답변 원리

생성형 AI가 사람처럼 자연스럽게 답변할 수 있는 핵심 원리는 '트랜스포머(Transformer)' 알고리즘에 있다. 어텐션(Attention) 메커니즘은 트랜스포머의 핵심 기술로, 문장 내의 모든 단어가 서로 어떻게 연결되는지를 동시에 계산하여 문맥과 의미를 파악하는데, 예를 들어서 "나는 어제 친구와 영화를 봤는데, 재미있었어!"라고 입력하면 "영화"와 "재미있었어."에 집중해 "영화가 재미있다."는 핵심 의미를 파악하는 것처럼 어텐션 메커니즘은 입력 데이터(예: 긴 문장, 이미지)에서 중요한 부분만 골라 집중한다.

두 번째의 원리는 학습 단계인데 먼저 방대한 데이터를 통해 언어의 구조와 지식을 익히는 사전 학습(Pre-training) 단계를 거친 이후 특정 지시문에 따라 원하는 답변을 내놓도록 사전학습으로 기본기를 다진 AI는 이제 특정 분야에 맞춰 추가로 훈련하는 미세 조정(Fine-tuning)과 인간의 피드백을 반영한 강화 학습(RLHF)을 통해 답변의 품질과 신뢰도를 높인다.

프롬프트(Prompt)

프롬프트는 생성형 AI로부터 결과물을 도출하기 위해 사용자가 입력하는 지시문이나 명령을 말하는데 AI 창작물에서 프롬프트는 사용자의 의도를 담는 핵심 수단이다. 단순히 "~해줘."식의 짧은 입력보다는 스스로의 생각을 구체적으로 설계하고 수정하는 프롬프트 설계(Prompt Engineering) 능력이 중요해지고 있으며, 이는 AI 창작물의 저작권 기여도를 증명하는 중요한 근거가 된다.

프롬프트는 명확하고 구체적으로 작성하는 것을 기본 원칙으로 가지고 있다. "좋은 글을 써줘."라기 보다는 "장애인 대상 현재의 세 가지 이슈를 가지고 설명하는 1,000자 분량의 글을 작성해줘."라고 구체적으로 작성해야 한다. "송년회 계획서 작성해줘."라고 작성하기보다는 "연말을 맞아 송년회 계획서를 목표, 일정 및 내용, 예산 부분으로 나눠 작성해줘."라고 예시와 형식을 지정해야 한다.

프롬프트(Prompt)의 핵심 전략

프롬프트는 핵심 전략을 몇 가지로 설명할 수 있는데 "장애인 복지 현장에서 일하는 사회복지사로 본 사업 계획에 대한 초안을 작성해줘."라고 역할을 부여하며, "현재 장애인 거주시설은 탈시설 정책에 대한 여러 대안이 필요한데, 탈시설 정책에 대한 주요 정부 지침 내용을 설명해줘."라고 배경 정보를 포함한 의도를 명확히 전달한다. "답변은 소제목으로 먼저 작성하고, 소제목에 맞는 내용을 서술식으로 작성해줘." 등 출력 형식을 명시해 일관성을 유지하며 "5줄 이내로 요약하되, 전문 용어는 사용하지 말고 심사위원이 충분히 이해할 수 있게 설명해줘."라는 등의 분량, 스타일, 키워드 등을 제한해 초점을 맞추며, 초기 결과를 바탕으로 프롬프트를 점진적으로 개선하는 반복적 실험과 수정이 필요하다.

할루시네이션(Hallucination, 환각 현상)

할루시네이션은 AI가 학습한 데이터를 기반으로 그럴듯해 보이지만 사실이 아니거나 맥락에 맞지 않는 허위 정보를 자신 있게 생성하는 현상으로, 학습 데이터 자체에 잘못된 정보나 편향이 섞여 있는 경우(데이터 요인), 모델이 학습하지 못한 최신 정보나 전문 지식의 한계(지식 경계 요인), 또는 답변 생성 과정에서 발생하는 무작위성(추론 요인) 등 다양한 이유로 발생된다.

생성형 AI를 쉽게 이해하기 위한 비유 생성형 AI는 수많은 사회복지 사례와 정보를 학습한 전문가처럼 보인다. 마치 오랜 경력의 기획자가 다양한 클라이언트(개인, 가족, 지역사회)의 문제를 접하며 경험을 쌓은 것처럼, AI도 책, 기사, 정책 문서 등에서 지식을 습득해 도움이 되는 조언을 제공하지만 정책 변화나 인간적 공감이 필요한 영역에서는 한계가 있다. 이러한 할루시네이션을 예방하기 위해서는 정확하고 균형 잡힌 데이터로 모델을 학습시키고, 명확하고 구체적인 질문을 던져 오류를 줄이거나, 팩트 체크 요청 추가, 출력 결과를 사람이나 다른 외부 데이터베이스와 비교하여 사실 여부를 검증해야 한다.

추가로 설명할 핵심 용어

"안녕하세요"를 "안", "녕", "하", "세", "요"처럼 텍스트를 단어, 음절, 문자 등으로 분할하는 과정인 토큰화(Tokenization). "고양이"와 "개"는 유사한 벡터 공간에 위치하도록 학습하는 단어나 문장을 수치 벡터로 변환해 모델이 이해할 수 있게 하는 기술 임베딩(Embedding). "나는 고양이와 강아지를 키운다."에서 "고양이"와 "강아지"의 관계를 분석하는 것처럼 입력 데이터 내 중요한 부분에 집중해 처리하는 기술인 어텐션 메커니즘(Attention Mechanism). 사전 학습된 모델을 특정 작업(예: 의료 진단)에 맞게 재학습시키는 과정인 파인튜닝(Fine-tuning). GPT-3는 초기 버전 기준 4,096 토큰까지만 처리 가능한 것처럼 모델이 한 번에 처리할 수 있는 최대 입력 길이인 컨텍스트 윈도우(Context Window) 부분이 추가로 설명할 핵심 용어이다.

2

AI 활용을 위한 기본 환경 세팅

: 계정·도구·작업 환경

계정(Account) 만들기 및 도구(Tool) 선택하기

사회복지시설에서 AI를 활용하려면, 단순히 AI를 켜고 글을 쓰는 것만으로는 충분하지 않다. 누가, 어떤 도구를, 어떤 환경에서 사용할지를 먼저 준비해야 안전하고 효율적으로 활용할 수 있다. AI를 활용하기 위한 계정, 도구, 환경 설정을 초보자도 이해하기 쉽게 단계별로 설명하고자 한다.

AI 도구를 사용하려면 누가 어떤 문서를 만들었는지 기록이 남아 책임 소재가 명확해지고 개인정보나 민감한 사례 내용을 실수로 입력하는 것을 방지하기 위해서는 가장 먼저 사용자 계정을 정리하는 것도 참 중요하다. 구체적인 방법으로서 개인 계정과 공용 계정의 방법이 있는데 개인 계정은 담당자가 직접 로그인하고 자신의 작업 기록을 남기는 것을 말하고 공용 계정은 팀 전체가 사용할 때 권한을 명확히 정해서 사용 기록을 관리하는 것이다.

AI 도구를 사용하려면 회원가입이 필수적이다. ChatGPT로 글을 쓰거나, Google Drive에 문서를 저장하려면 계정이 필수적으로 필요하다. ChatGPT를 활용시 OpenAI 웹사이트 접속하여 "Sign Up(회원가입)"을 클릭한다. 이메일 주소와 비밀번호를 입력하기 위해서는 "Verify Email" 버튼 눌러 인증 메일 확인토록 한다. Google Drive는 구글 계정(이메일)이 있다면 바로 사용 가능하며 폴더를 만들어 "2025년 사업 계획서" 등을 정리할 수 있다. 실제 서울의 한 복지관은 Google Drive에 "예산 관리" 폴더를 만들어 모든 직원이 실시간으로 예산내역을 확인하고 수정할 수 있게 하였다.

작성 목적과 내용에 따라 어떤 도구를 사용할지 결정해야 한다. 글쓰기 도우미로 AI 도구를 사용한다면 ChatGPT를 활용하여 보고서 초안이나 안내문을 사용하고 Google Docs 도구를 활용하여 문서를 작성하고 AI로 문법 및 표현 수정하는 것으로 활용한다. 데이터 분석 도구는 Tableau를 통한 엑셀 데이터를 멋진 그래프로 변환시키도록 하며 "발달장애인 자립 지원 현황"을 그래프로 만들어 보고서에 붙여넣기처럼 활용할 수 있으며 Google Data Studio는 무료로 데이터 시각화가 가능토록 활용할 수 있다.

AI 도구는 활용하고자 하는 목적과 내용 등에 따라 선택하여 활용할 수 있다. 무작정 목적 없이 사용하게 되면 오히려 더 많은 시간이 걸릴 수 있다. 그래서 어떤 용도로 사용할지 먼저 정하는 것이 중요하다. 문서 초안을 작성 작성은 ChatGPT, 클로바 X 등 글쓰기 AI를 활용토록 하며 통계 및 자료 요약은 퍼플렉시티, 제미나이, 회의록 정리는 Otter.ai, 음성인식 기반 도구를, 홍보물 제작은 Canva AI, 클로바 X 이미지 기능을 활용하면 좋다. 이러한 AI 도구를 활용할 때에는 대부분 문서가 한국어이므로 자연스러운 한글 문장이 나오는지 확인토록 하며 Word, Excel, PDF 등 필요한 형식으로 저장 가능한지 출력 방식을 확인해야 한다. 무엇보다 외부 서버에 개인정보 등의 민감 정보를 입력하지 않도록 주의하며 철저한 보안 점검이 필요하다.

환경 준비: 안전하고 편리하게 작업할 수 있는 공간 만들기

AI 도구를 원활하게 사용하기 위해서는 기본 환경이 필요한데 작업 환경이 매우 중요하다. 안정적인 인터넷 연결이 될 수 있는 인터넷 환경이 조성되어야 하며 원활한 인터넷 연결은 컴퓨터나 핸드폰에서 언제든지 활용이 가능하다. 중요 데이터들은 외장 하드나 USB를 통한 백업이 필요하며 온라인 교육이나 회의 때 유용하게 사용할 헤드셋 또는 이어폰도 준비되어야 한다.

소프트웨어의 측면에서 필요한 프로그램을 설치해야 하는데 Chrome, Edge 등의 웹 브라우저를 설치하며 Google Docs, Microsoft Office 등의 오피스프로그램, Google Data Studio(무료), Tableau(유료) 등의 데이터 시각화 도구, DeepL, Papago 등의 번역 도구도 함께 설치한다. Google Data Studio: Google 계정으로 로그인을 하여 "템플릿"에서 원하는 차트 선택해 데이터 연결토록 하며, deepl.com에서 무료 계정 생성 후 DeepL를 사용한다.

AI를 통해 발생되는 수많은 자료와 정보들을 여러 저장 공간을 활용하여 저장해야 한다. 공용 드라이브(예: 네이버 워크스, Google Drive) 활용하거나 외장 하드에 데이터를 정리하면 좋다. 기관명_문서유형_사업명_AI 초안_20251005.docx으로 파일명을 정하고 저장하는 것처럼 AI로 만든 초안과 검수 기록을 함께 저장하여 나중에 감사나 검증에 활용 가능함으로 다양한 자료를 제목별이나 저장 날짜순으로 정리해서 저장을 하도록 한다.

개인정보 입력 등은 절대 금지임으로 클라이언트 이름, 주소 등은 AI에 입력하지 말고 손으로 작성토록 하며, AI 도구에 입력하는 문서에는 개인정보나 민감 정보가 들어가지 않도록 익명화시킨다. 대부분의 AI 도구는 인터넷이 필요하니 Wi-Fi가 잘 연결되는 곳에서 사용해야 한다. 담당자만의 AI 도구 활용과 정보를 제공하는 것이 아니라 함께 일하는 종사자들과 협업할 수 있는 환경을 조정하여 팀원과 쉽게 공유토록 한다.

Google Drive나 Notion을 활용해 팀원과 자료를 실시간 공유하는 것도 방법 중에 하나이다. 환경 설정은 AI 도구를 안전하고 효율적으로 사용하는 첫 시작이다. 처음에는 조금 번거로운 일일수도 있겠지만 한번 시스템을 갖춰놓으면 업무 속도가 매우 빠르게 달라질 수 있으며, 보다 유용하게 AI 도구를 활용하고 함께 공유함으로써 효율성 및 효과성을 증가시킬 수 있다.

3

목적별 생성형 AI 도구
선택 가이드

사회복지시설 종사자들은 업무 효율성을 높이기 위해 다양한 AI 도구를 활용한다. 대표적인 도구로는 ChatGPT, WRTN, CLOVA X, Gemini, Gamma, NotebookLM가 있으며, 각 도구는 고유한 기능과 강점을 가지고 있다. 아래에서 각 도구의 특징, 활용 사례, 장단점, 접근성을 설명하고자 한다.

AI 도구	주요 기능	언어 지원	특화 분야
ChatGPT	텍스트 생성, 번역, 아이디어 발굴, 간단한 데이터 분석	100개 이상 언어	보고서 초안, 다문화 소통, 홍보 문구
WRTN	데이터 분석, 시각화, 보고서 자동 생성	한국어, 영어 등	예산 관리, 통계 분석, 시각화
CLOVA X	한국어 특화 텍스트 생성, 윤리적 편향 감지, 데이터 분석	한국어 중심	정책 문서, 한국어 안내문, 윤리적 검토
Gemini	구글 서비스 연동, 유튜브, 논문 등 방대한 데이터를 분석, 이미지 및 동영상 생성, 텍스트+이미지+음성을 동시에 활용해 복잡한 문제 해결	한국어, 영어 등 7개 언어를 기본적으로 지원	멀티모달 추론 및 복합 작업, 학습 자료 초안 생성, 창작 및 콘텐츠 제작, 실시간 학습으로 최신 변화 즉시 반영
Gamma	프레젠테이션(PPT) 자동 생성, 디자인 템플릿 제공	영어, 한국어 등	교육 자료, 홍보 자료, 발표 자료 제작
NotebookLM	문서 생성 및 편집, 데이터 분석 지원, 일정 관리 및 작업 자동화	다국어 지원	비즈니스 및 업무 자동화, 교육 및 연구, 데이터 분석

ChatGPT(OpenAI) - 범용 초안 메이커 & 편집자

ChatGPT는 대화형 생성형 AI로서, 문장 · 요약 · 프롬프트 실험에서 가장 범용적으로 사용되는 AI 도구이다. 사회복지 현장에서의 ChatGPT의 강점은 프로포절 초안 · 요약 · 보고서 초안을 신속 생성하고 다양한 콘으로 한 번에 여러 버전 생성이 가능하며 프롬프트만 잘 작성하면 반복 업무가 자동화가 가능하다는 점이다. 또한 텍스트 생성, 다국어 번역, 데이터 요약, 창의적 아이디어 제안까지도 가능하다.

100개 이상의 언어를 지원하며 사용자 친화적 인터페이스로 보다 쉽게 접근이 가능하지만 2021년 9월 이후의 최신 정보를 반영하지 못할 수 있으며, 편향된 결과를 생성할 위험이 있다. 무료 버전으로 웹 또는 모바일 앱에서 사용 가능하며, 기업용 유료 플랜도 함께 제공하고 있다.

WRTN(Wrtn Technologies) · 한국어에 최적화된 작문·라이프 스타일 AI

한국 스타트업이 제공하는 한국어 특화 AI 서비스(라이팅 보조 · 대화형 앱 등). 한국어 자연어 처리와 로컬 최적화에 강점이 있으며, 광범위한 사용자층, GPT 연동 사례 보도처럼 국내 사용자 대상 대량 확산 사례가 있다. WRTN는 한국어 문체(현장 · 행정 · 감성)에 맞춘 문장 생성이 우수하고, 사용자 친화적 UI로 비전문가(현장 기획자)가 빠르게 적응 가능하며 대량 템플릿(안내문 · 홍보문 · 보고서) 자동화에 유리한 장점을 가지고 있으나 국내 서비스이므로 정책 · 계약 조항(데이터 처리 방식)을 반드시 확인해야 한다. 일부 기능은 무료/유료 구분, 최신 모델(예: GPT-5) 연동 여부는 서비스별로 다르다.

클로바 X(CLOVA X) · 한국어·포털 연동에 강한 국내형 LLM

네이버의 대형 언어모델 플랫폼(Clova X/HyperCLOVA X 기반). 한국어 성능 최적화와 네이버 생태계(검색 · 문서 · 클라우드) 연동 이점이 크다. 또한 공문 · 보고서 등 '한국 행정 문체'에 자연스러운 문장 제공, 네이버 클라우드/포털과 연계해 지역 정보 · 공식 자료 활용이 편리, 한국어 뉘앙스(정서 · 관용표현) 처리에 강하다는 강점을 가지고 있지만 외부(글로벌) 자료 검색과의 연동성 측면에서는 Google 기반 도구와 차이 있을 수 있고 기관 라이선스 · 사용 정책(데이터 보안) 확인이 필요하다.

제미나이(Gemini) · 범용 AI, 문서 작성에서부터 이미지 생성까지

구글 딥마인드에서 개발한 초대규모 멀티모달 생성형 AI로, 텍스트뿐만 아니라 이미지, 음성 등 다양한 입력 데이터를 통합 처리할 수 있는 것이 특징이다. 사회복지 분야에서 활용할 수 있다. 프로포절, 보고서, 계획서 등 복잡한 문서의 초안을 빠르게 생성하며, 다양한 버전을 동시에 제작 가능하다. 설문 조사 결과나 통계 데이터를 입력하면 핵심 인사이트를 추출하고 차트 및 그래프 등으로 시각화하여 보고서를 완성한다. 특별히 멀티모달 작업 통합이 가능한데 텍스트와 이미지를 조합하여 홍보 자료나 교육 콘텐츠 제작이 가능하다.

Gamma · 발표 자료·시각 보고서 자동 생성 도구

텍스트(또는 간단한 입력)를 넣으면 자동으로 디자인된 프레젠테이션 ·

웹 페이지 · 보고서 형태로 만들어 주는 도구이다. 슬라이드와 인포그래픽 제작 시간이 크게 단축된다. 사업결과 보고나 운영위원회 발표용 슬라이드를 빠르게 생성 가능하며 텍스트만 제공해도 일관된 디자인의 결과물(슬라이드 · PDF)로 출력이 가능한 강점을 가지고 있지만 내용(데이터 · 수치)은 사람이 입력 · 검증해야 한다. 시각적으로 예쁘지만 숫자 오류가 발생되는 경우가 있어서 개인정보 포함 이미지 · 사진 사용 시 저작권 · 초상권 확인 필요하다.

NotebookLM · 문서 작성, 데이터 분석, 일정 관리 등

NotebookLM은 개인 생산성 향상을 목표로 문서 작성, 데이터 분석, 일정 관리 등을 자동화하는 AI 도구이다. 다국어 지원과 멀티모달 기능으로 다양한 분야에서 활용 가능하며, 특히 비즈니스 업무와 교육 분야에서 강점을 보인다. 주요 기능으로서 이메일, 보고서, 블로그 글 등 다양한 형식의 텍스트를 자동으로 생성하거나 수정하는 문서 생성 및 편집 기능을 가지고 있고, Excel, CSV 파일 등 데이터를 불러와 통계 분석, 차트 생성, 인

사이트 도출을 하는 데이터 분석 지원, 캘린더 연동, 할 일 목록 생성, 반복 작업 자동화 등 생산성 도구를 통합 관리 등의 기능을 가지고 있다. 특별히 찾고자 하는 주제와 관련 다양한 자료를 수집하여 분석이 가능하고, 스튜디오 기능으로서 오버뷰, 동영상 제작, 마인드맵, 보고서, 인포그래픽, 슬라이드 자료 등으로 제작이 가능하여 추후 평가회의 및 주제 관련 발표 자리에서 유용하게 사용할 수 있는 자료를 생성 받을 수 있다.

4

문서 작업에 강한
AI 도구와 특징

특징별로 다양한 문서 작성 전용 AI 서비스

기획자는 글쓰기를 할 때 AI의 도구를 가지고 다양한 영역에서 활용한다. 사회복지시설에서 클라이언트에게 여러 정보들을 알리기 위한 안내문 및 공지문을 작성할 때도 함께 활용하며 클라이언트와의 상담 내용을 구조화된 형식으로 정리할 수 있다. 주간업무계획서 작성, 프로그램일지 작성, 논의된 내용을 구조화된 형식으로 기록하고 정리하는 회의록 작성, SNS 게시물, 포스트, 뉴스레터 등의 강력한 메시지 전달을 위한 도구 등의 내부 보고서 및 행정 문서를 작성할 때 유용하게 사용한다.

프로포절을 작성하기 위한 기획안 및 초안 작성, 프로포절 결과보고서 작성, 외부 공문 작성 등 외부에 제출해야 하는 문서를 작성시에도 활용되며 사회복지시설 종사자 및 클라이언트 교육용 자료를 개발하기 위해 사용된다. 사회복지 실천 과제에 대한 여러 연구 주제 선정부터 하여 서론 내용 작성, 연구 주제와 관련한 여러 정보들을 정리 및 기타 연구 주제에 대한 제언 등의 연구 및 학술 활동 등에서도 유용하게 사용된다.

기능보강사업 진행 시 거래업체와의 계약서 초안 작성, 직원 상담 일지 기록, 클라이언트의 변화 과정을 체계적으로 기록하는 사례 기록 등에도 활용되며 프로그램 참여자 모집 및 자원봉사자 모집 공고할 때와 후원자 및 자원봉사자, 시설 이용인들의 가족들에게 감사 편지 발송 시, 사회복지 관련 보도자료 작성에도 유용하게 AI를 활용한다. 이러한 여러 영역에서 기획자들이 AI를 통한 글쓰기를 하는 이유는 효율성을 향상시키고 전문성을 강화시키기 때문이다.

이러한 기획자들이 AI를 글쓰기에 활용하는 구체적인 이유는 사회복지 업무 시간을 절약함으로써 업무의 효율성을 극대화시키기 때문이다. 프로그램 일지, 사례관리 일지 등 반복적으로 작성하는 글쓰기는 AI를 활용함으로써 크게 절약할 수 있는데 프로포절을 작성하기 전 초안을 AI에게 요청해 전반적인 기본 구조들을 생성하고 기본 구조들에 대해 또다시 세부적인 내용 등을 요청해 보다 빠르게 작성하게 된다.

AI가 국내외 사회복지 관련 프로그램들을 분석해 창의적인 아이디어를 제공하거나 특정 주제에 대하여 새로운 프로그램의 아이디어를 제공하기도 한다. 실제 아이디어는 여러 상황 속에서 갑작스럽게 생각나는 부분인데 도리어 프로포절을 작성할 때는 더욱 아이디어가 생각이 나지 않아서 계속 시간이 지체될 수밖에 없는 것이 사실이다. AI는 여러 문헌, 우수 프로그램 등을 분석하여 몇 가지의 아이디어를 제공하게 되는데 제공된 아이디어와 함께 현재 사회복지 실천 경험과 접목한다면 매우 창의적이면서 혁신적인 아이디어가 생성된다. 이러한 과정을 통해 보다 빠르게 프로포절을 작성할 수 있다.

세 번째는 다양한 이해 관계자에게 맞는 맞춤 글쓰기가 가능해진다. 지자체 등의 정부 등에 제출하는 보고서 등이 있다면 정책 용어 등이 강조되거나 사용되며 공공기관에 핵심적인 내용으로 작성하고 제출해야 하는 특징을 고려한 행정 문서 등이 작성되는데 지역 주민들을 대상으로 안내문 제작이라든지, 보도자료 등을 작성할 때도 지역 주민이 이해하기 쉽게 작성된다.

네 번째는 최신 정보와 반영되어 지속적인 학습이 가능해진다. AI가 최신 개정된 법의 여러 사항이나 연구 동향 등을 살펴보면서 최신의 정보들을 반영을 한다. 최신 정보를 바탕으로 프로포절의 필요성을 제시하거나, 초안까지도 함께 제시하기도 한다. 최근 사회복지시설에서는 중대재해처벌법이 이슈화되어 실용적인 대안이 마련되어야 하는데 AI를 통한 구체적인 대안들이 마련되어지며 그에 따라 안전보건 관리 매뉴얼, 안전보건교육 이수 기록부, 정기 안전 점검 체크리스트 등의 세부 양식도 제작이 가능하다.

사회복지시설 종사자가 업무 글쓰기에 가장 적합한 AI 도구

사회복지시설 종사자가 업무 글쓰기에 가장 적합하고 유용하게 활용한 AI 도구를 설명하고자 한다.

	구분	내용
1	ChatGPT	○ 맥락을 잘 이해하고 대부분의 답을 잘하는 특징 ○ 압도적인 범용성의 특징을 가지고 있으며 이전 내용을 매주 잘 기억하여 글 쓰는 내용에 있어 연속성을 가지고 있는 것이 강점
2	제미나이	○ 제미나이는 구글 검색과 직접 연결되어 있어 글을 쓸 때 최신 내용을 바탕으로 구성하는 능력이 탁월하다는 특징
3	클로바 X	○ 한국어에 특화되어 있어서 가장 한국적인 맥락을 잘 짚어내는 글쓰기 도구
4	클로드	○ 긴 문장에 대한 처리가 가능하고 유해하거나 편향된 표현을 걸러내는 능력이 강해 특히 글쓰기에서 강점

5	퍼플렉시티	○ 글을 작성할 때 근거가 되는 정보에 출처를 달아주어서 어떤 내용이든 신뢰도가 내무 높은 것이 특징 ○ 사실 관계를 나열하고 정리하는 데 강점

(출처: 『회사에서 몰래 보는 일잘러의 AI 글쓰기』, 2024)

ChatGPT는 복잡한 문서를 간결하게 정리하고, 창의적인 아이디어를 제시하며, 반복적인 작업을 자동화하는 데 탁월한 도구이며 방대한 데이터를 학습해서 맥락이나 인과관계를 파악하여 논리적이고 일관성 있는 답변을 한다. 학술 논문이나 보고서처럼 논리적인 구조와 설득력 있는 주장을 글로 쓸 때는 ChatGPT가 매우 유용하게 사용되며 복잡한 복지제도 설명 간소화, 클라이언트에게는 맞춤 안내문 제작, 보고서 및 결과보고서, 창의적인 아이디어 발굴과 프로포절 작성이 지원, 법률 및 규정 문서 검토, 교육 자료 제작 등에서 사용된다.

제미나이(Gemini)는 구글에서 개발한 AI 언어 모델로, 사회복지시설 종사자들이 업무 글쓰기에 활용할 수 있는 다양한 기능을 제공한다. 제미나이는 Google Docs, Sheets, Drive와 완벽하게 연동되어 문서 작성, 데이터 분석, 파일 관리가 한 플랫폼에서 이루어진다. 데이터 통합 분석, 실시간 협업 등에서 차별화된 강점을 가지며, 복잡한 업무 프로세스를 간소화하고 창의적인 아이디어를 도출하는 데 도움이 된다.

복잡한 복지제도 설명을 간소화시켜 보다 쉽게 이해할 수 있도록 돕고 문화적 맥락에 맞게 다문화 가정이나 외국인 클라이언트를 위한 안내문 제작이 가능하다. 구글 스프레드시트와 연동해 설문 조사 결과나 통계 데이터를 입력하면 핵심 내용을 요약하고 시각화 아이디어를 제공하며 구글 문서에서 팀원과 동시에 보고서를 수정하고 AI가 제안하는 문장 구조나 표현을 즉시 반영하는 실시간 협업 기능도 가능하다. 제미나이는 구글 워크스페이스와 연동하면 구글 드라이브에 접근할 수 있다. 드라이브에 접근하여 PDF 문서에 대해 질문하거나 요약할 수 있고 표로 정리하는 등의 작업도 함께 요청할 수 있다. Advanced 구독자는 파일 업로드 기능뿐 아니라 차트 생성과 같이 데이터 시각화 기능도 할 수 있어서 프로포절 작성 내용 중 필요성 부분에 활용할 수 있다.

클로바 X(CLOVA X)는 네이버에서 개발한 인공 지능 언어 모델로, 한국어에 특화된 처리 능력과 국내 사회복지 환경에 최적화된 데이터 학습을 바탕으로 사회복지시설 종사자의 업무 글쓰기에 유용한 부분을 제공한다. 특히 실용적 템플릿 생성, 데이터 기반 의사결정 지원, 윤리적 검토 강화에서 차별화된 강점 중에 하나이다. 한국어 맞춤법과 문맥 이해 기반의 정확한 문서를 작성하거나 반복적인 업무를 자동화하는 템플릿을 제공해 시간을 절약한다. Google Sheets나 네이버 클라우드와 연동해 복잡한 데이터를 분석하고 시각화하며 네이버 클라우드, WORKS, 파파고 등과 연동해 업무 효율성을 극대화시키며 클라이언트 사례 기록 시 이름, 주소 등 민감 정보를 자동으로 제거하거나 암호화하거나 "청소년 자립 지원 프로그램" 안내문에서 성차별적 표현("남학생은 기술 교육, 여학생은 요리 교육")을 감지하고 중립적 표현으로 수정 제안하는 등의 윤리적 검토 및 개인정보 보호를 강화한다.

클로드는 Anthropic에서 개발한 대형 언어 모델로, 자연스러운 문맥 이해, 윤리적 안전성, 다양한 언어 지원을 강점으로 사회복지시설 종사자의 업무 글쓰기에 유용한 부분을 제공한다. 특히 복잡한 보고서 작성, 다국어 소통, 윤리적 검토에서 차별화된 성능을 발휘한다. 클로드는 긴 문맥 처리, 다국어 지원, 윤리적 안전성을 바탕으로 사회복지시설 종사자의 글쓰기 업무를 혁신적으로 지원하며 복잡한 보고서 작성부터 창의적 아이디어 발굴, 다문화 가정과의 소통까지 다양한 영역에서 효율성을 높인다.

특히 클로드는 작문에 특히 강점을 가지고 있다. 글의 초안을 작성하고 다듬는 모든 과정을 클로드를 활용할 수 있어서 설득력 높은 글을 쓰는 것이 매우 중요한 프로포절 작성 시 클로드 사용이 매우 유용하게 사용된다. 프로포절은 지원처의 심사위원이 충분히 공감하고 이해할 수 있도록 작성해야 함에 따라서 문장을 매끄럽게 수정하거나, 프로포절의 필요성을 작성할 때, 적합한 표현이나 단어가 생각나지 않을 때, 필요성 부분을 작성할 때, 작성한 내용이 포함된 소제목을 작성할 때, 클라이언트의 욕구 조사 및 설문 조사를 할 때, 필요한 설문 문항을 작성할 때도 도움을 받을 수 있다.

퍼플렉시티(Perplexity)는 실시간 웹 검색 기능과 출처 제공을 특징으로 하는 AI 언어 모델로, 사회복지시설 종사자의 업무 글쓰기에 유용한 부분을 제공한다. 특히 최신 정보 반영, 신뢰성 높은 자료 활용, 복잡한 내용 단순화에서 차별화된 강점이 있다. 질문에 답할 때 실시간 웹 검색을 수행해 최신 정보를 제공하는데 이것은 정책 변화나 법적 요건을 놓치지 않고 문서에 반영하는 데 매우 유용하다. 사회복지시설 종사자가 다루는 복지 제도나 프로그램은 복잡하고 전문적인 용어가 많은 상황을 고려해 이를 일상 언어로 변환하거나 단계별 구조화해 클라이언트나 동료가 쉽게 이해할 수 있도록 돕거나 연구 보고서나 정책 제안서 작성 시, 학술 논문, 정부 보고서, 공식 통계 등을 인용해 문서의 깊이를 더해준다. 그래서 퍼플렉시티는 실시간 정보 검색, 신뢰성 높은 출처 제공, 복잡한 내용 구조화 기능을 통해 사회복지시설 종사자의 글쓰기 업무를 혁신적으로 지원한다.

선행 연구 논문 검색 및 복잡한 유형의 시각화 자료를 생성하려고 할 때 퍼플렉시티를 이용하여 더 간편하게 조사할 수 있다. 프로포절 관련 다양한 학술 논문을 검색하고, 논문 출처 링크에 접속해 전문을 확인할 수 있다. 논문을 검색하면 다양한 출처 링크와 관련 질문을 제공하는데 관련 질문은 연구하고자 하는 내용, 프로포절을 작성하는 데 필요한 연구 대상 및 내용을 분석하는데 큰 도움을 준다. 출처 링크를 클릭하면 연구 자료의 초록을 확인할 수 있는 사이트로 이동하게 된다. 무료로 공개된 연구물인 경우 전문을 다운로드할 수 있는 PDF 파일을 제공하며 유료 논문인 경우에는 전문을 구매할 수 있도록 안내가 된다.

5

사회복지 실무 활용
AI 도구 정리

사회복지사들이 가장 많이 쓰는 AI 도구

AI 도구 정리

사회복지시설 종사자들이 가장 많이 사용하는 AI 도구는 ChatGPT, 한국의 AI 스타트업 업스테이지(Upstage)에서 개발한 데이터 분석 및 시각화 전문 AI 도구인 뤼튼(WRTN), 카카오톡에서 AI 챗봇으로 ChatGPT를 활용할 수 있는 서비스 카카오 아숙업(AskUp), 네이버에서 개발한 한국어 특화 AI 언어 모델로, 사회복지시설 종사자들이 보고서 작성, 번역, 데이터 분석 등 다양한 업무에 활용할 수 있는 도구인 클로바 X(CLOVA X) 순으로 나타났다. 특히 ChatGPT는 업무용 글쓰기, 보고서 작성, 번역 등에서 널리 활용되고 있다. 다양한 AI 도구들은 각자마다 장점을 가지고 있으며 활용법이 다소 차이가 있기 마련이다. 사회복지사들은 사회복지 현장 및 직무 내용에 따라서 다양한 AI 활용 도구 중 선택하여 활용하고 있는데 사회복지사들이 가장 많이 쓰는 AI 도구를 중심으로 설명하고자 한다.

상황	AI 도구	특징	웹사이트
다방면 글쓰기가 필요할 때	ChatGPT	- 압도적인 범용성, 멀티 도구 결합 - 광범위한 지식 베이스 - 문맥 이해와 연속성	chatgpt.com
프로포절, 보고서, 계획서 초안을 작성할 때	Gemini	- 실시간 정보 결합 및 팩트 체크 - 윤리적 안전장치- 논리적 구조화와 시각화 강점 - 멀티모달 기반의 확장성	gemini.google.com
긴 문서를 요약하거나, 복잡한 개념을 풀어 써야 할 때	클로드	- 긴 문서 처리 능력 - 문장이 매우 부드럽고 자연스러움 - 정교한 문장 및 스타일 교정- 높은 윤리성과 안전성	claude.ai
한국어에 특화된 콘텐츠 생성이 필요할 때	클로바 X	- 독보적인 한국어 이해력과 자연스러운 특징 - 네이버 생태계 기반의 최신 정보 활용	clova-x. naver.com
프레젠테이션을 급하게 만들어야 할 때	감마	- AI 기반 프레젠테이션 디자인 및 템플릿 제공 - 주제나 제목만 입력하면 완성되는 자동 생성	gamma.app

(출처: 『회사에서 몰래 보는 일잘러의 AI 글쓰기』, 2024)

현재 가장 많이 사용되는 AI 도구

ChatGPT(OpenAI)는 OpenAI가 만든 대화형 인공 지능 언어모델이다. 사람처럼 자연어(한국어 포함)를 이해하고 글을 만들고, 요약하고, 번역하고, 질문에 답해주는 도구이다. 보통 웹창(API 연동 프로그램)을 통해 질문(프롬프트)을 넣고 답을 받으며 범용 텍스트 생성·요약·문체 변환에 강한 생성형 AI이다. 자연스러운 한국어 초안 생성, 여러 길이·톤 버전 즉시 생성, 프롬프트로 세부 지시 가능을 가지고 있다. 보고서 초안 작성, 안내문 생성, 아이디어 발굴 등에 활용되고 있다. 그래서 사회복지 현장에 몇 가지의 도움을 받고 있다. 초안 생성 시간이 단축 되어 있어 길고 복잡한 문장을 짧고 이해하기 쉬운 문장으로 바꿔주며 다양한 정보를 바탕으로 빠르게 아이디어를 제시한다. 같은 내용을 심사위원, 이용인, 후원자 등의 입장에서 자동 변환되는 기능과 회의록 요약 등 반복 작업을 상당히 줄여 주고, 반복 업무를 자동화시키는 장점을 가지고 있다.

제미나이(Gemini)는 구글 딥마인드(Google DeepMind)에서 개발한 범용 멀티모달 생성형 AI로, 텍스트, 이미지, 음성 등 다양한 입력 데이터를 통합 처리하며 복잡한 작업을 효율적으로 수행하는 것이 특징이다. Ultra(대규모 데이터센터용 모델로, 복잡한 연구나 대규모 프로젝트에 특화), Pro(일반 사용자와 기업이 주로 사용하는 버전으로, 문서 생성, 번역, 데이터 분석 등 범용 작업 수행), Nano(모바일 기기에 최적화되어 빠르고 경량화된 작업이 가능) 세 가지 버전으로 출시되었으며, 각각 대규모 연산, 일반 사용자용, 모바일 기기 최적화 등 용도에 따라 특화되어 있다. 텍스트, 이미지, 음성을 동시에 분석해 창의적이고 실용적인 솔루션을 제공하는 등의 멀티모달 추론 능력이 뛰어나며 Gmail, 구글 문서, 유튜브 등과 연동되어 업무 효율성을 극대화시킬 수 있다. 프로포절 초안, 데이터 분석, 다국어 번역, 코드 작성 등 사회복지부터 기술 분야까지 폭넓게 적용이 가능하다.

뤼튼(WRTN)은 한국의 AI 스타트업 업스테이지(Upstage)에서 개발한 데이터 분석 및 시각화 전문 AI 도구이다. 사회복지시설에서 복잡한 데이터를 쉽게 분석하고 시각화해 보고서에 활용할 수 있도록 설계되어 있다. 주요 기능과 특징으로 엑셀, CSV 파일 등 다양한 형식의 데이터를 입력해 통계 분석, 추세 파악 등을 자동화시키고, 분석 결과를 막대그래프, 파이 차트, 선 그래프 등으로 시각화해 보고서에 첨부시키며, 분석 결과를 바탕으로 초안 보고서를 생성해 시간을 절약하기도 한다. Tableau나 Google Data Studio와 유사하지만, 뤼튼은 질문 기반 분석과 보고서 자동 생성 기능이 더 강화되어 있고, ChatGPT는 주로 글쓰기에 특화되었다면, 뤼튼은 데이터 중심 업무에 최적화되어 있다고 볼 수 있다.

클로바 X는 네이버에서 개발한 한국어 특화 AI 언어 모델로, 사회복지시설 종사자들이 보고서 작성, 번역, 데이터 분석 등 다양한 업무에 활용할 수 있는 도구이다. 기존의 ChatGPT나 뤼튼과 달리 한국어 문맥을 더 정확하게 이해하고, 국내 복지 환경에 맞는 정보를 제공하는 특징을 가지고 있다. 주요 기능과 특징으로서 복잡한 한국어 문장 구조나 문화적 맥락을 잘 파악해 자연스러운 글쓰기가 가능하며, 엑셀 데이터를 입력해 통계 분석이나 시각화 아이디어 제공이 가능하고, 다문화 가정 안내문을 베트남어, 스페인어 등으로 번역하고 문화적 차이에 맞게 조정하거나 편향된 표현(성별, 연령, 계층적 편견)을 감지해 중립적인 언어로 수정을 제안하기도 한다.

카카오 아숙업(AskUp)은 카카오톡에서 AI 챗봇으로 ChatGPT를 활용할 수 있는 서비스이다. AI 전문 기업 업스테이지(Upstage)를 통해 개발되었고 텍스트 질문 답변, 이미지 인식/분석, 실시간 정보 검색이 가능하다. 무료로 ChatGPT와 이미지 분석 기능이 사용 가능하고 카카오톡으로 간편하게 접근 가능과 실시간 검색으로 최신 정보 반영이 가능하다. 카카오톡 기반의 실무형 챗봇은 업스테이지가 카카오톡 채널로 제공하는 챗봇 서비스로, OCR(이미지 텍스트 추출) + LLM(예: OpenAI 연동 또는 자사 모델) 결합하여 '사진(문서) → 요약/질문' 처리가 가능한 강점이 있다. 카카오톡에서 바로 사용가능해 접근성이 매우 높다는 점이 매우 큰 강점으로 여겨진다. 현장 사진(문서, 손글씨) 업로드하여 텍스트 추출하고 요약 · 질문이 가능하여 현장 행정 처리 속도가 매우 높다. 카카오톡 채널 추가만으로 사용이 가능하며 스마트폰 기반으로 현장 직원이 즉시 사용 가능하다.

프레젠테이션 제작을 혁신하는 AI 솔루션인 감마(Gamma) AI 도구는 프레젠테이션(PPT)을 자동으로 생성해주는 AI 도구로, 사용자가 입력한 텍스트나 아이디어를 바탕으로 깔끔한 디자인과 구조화된 슬라이드를 순식간에 완성해준다. 복잡한 디자인 작업 없이도 전문가 수준의 발표 자료를 만들 수 있다. 특히 바쁜 사회복지시설 종사자들에게 유용하게 사용된다. 보고서 초안, 설명문, 교육 자료 등 텍스트를 입력하면 슬라이드 구조와 디자인을 자동으로 구성 가능하며 다양한 주제별 템플릿(의료, 교육, 복지 등)을 활용해 빠르게 디자인 완성이 가능하다. 또한 드래그 앤 드롭으로 이미지, 그래프, 아이콘 등을 추가해 내용을 보강할 수 있고 한국어 텍스트도 자연스럽게 처리해, 다문화 가정 안내문이나 지역사회 홍보 자료 제작에 적합하다.

Gamma 웹사이트(gamma.app)에 접속하여 Google 계정으로 로그인하고 텍스트 직접 입력, 파일/URL 업로드, 또는 프롬프트 기반 생성 중 선택하여 새로 만들기를 한다. 목적에 맞는 디자인 스타일 선택과 추가 내용 입력 및 이미지 삽입 등으로 슬라이드를 편집하며 최종 완성된 자료를 제정해 프레젠테이션 발표에 유용하게 활용할 수 있다.

6

데이터 분석에
활용 가능한 AI 도구

사회복지 현장 및 클라이언트에게 맞는 프로포절을 작성하기 위해서는 기본적으로 다양한 데이터를 바탕으로 명확한 분석 과정이 필요하다. 과거에는 실제 프로포절 담당자가 직접 RISS 문헌 자료를 찾아 분석하거나, 클라이언트 상담 및 사례관리 일지, 클라이언트 대상 설문조사 결과, 기타 보도자료 등을 통해 프로포절 관련 정보를 수집하고 분석하기도 하였으나 제법 많은 시간이 걸리며 프로포절을 작성하는 시간이 부족하게 되는 악순환이 반복되기도 한다. 최근 들어 ChatGPT 등과 같은 AI 도구를 활용함으로써 보다 최근 자료들을 검색하고, 다양한 자료들을 명확하게 분석하게 됨으로써 프로포절 작성 소요 시간이 많이 줄어드는 등 효율적인 측면에서 매우 향상된 모습을 보게 되는데 데이터 분석과 관련하여 어떠한 도구를 사용하며 왜 사용하는지를 설명하고자 한다.

ChatGPT - Advanced Data Analysis(ADA)

챗GPT는 Advanced Data Analysis(ADA)로써 CSV · 엑셀 파일을 업로드해 자동으로 요약, 차트, 간단 계산까지 해주는 '업로드에서 질문으로'형 도구이다. 초보자가 데이터의 핵심을 빠르게 파악할 때 매우 유용하게 사용할 수 있다. 파일(CSV/엑셀)을 올리면 AI가 표의 구조를 자동으로 파악해 요약·기초통계·이상값 탐지·차트 생성까지 해준다. 코드(파이썬)로 분석하고 결과를 표·그래프·다운로드 파일로 제공할 수 있어 초보자도 쉽게 데이터 인사이트를 얻을 수 있다. ChatGPT − Advanced Data Analysis를 활용하기 위해서는 먼저 ChatGPT(Plus 또는 ADA 기능 포함 계정) 로그인을 한 후 새 대화에서 CSV/엑셀을 파일로 업로드하고 프롬프트 명령을 통해 결과를 기다린다. 주간 활동 참가자 명단(CSV)을 올려 '연령·성별 분포'와 '최다 참여 활동'을 한눈에 파악할 수 있으며 영수증 목록 업로드를 한 후 "비정상적으로 큰 지출(예: 단일 항목 1백만 원 초과)" 부분을 자동 탐지할 수 있다.

때론 ChatGPT − Advanced Data Analysis를 통해 나온 분석 결과는 단순히 요약만 보는 것이 아니라 차트·그래프 형태로 시각화까지 할 수 있다. CSV 또는 엑셀 파일을 올리고 프롬프트 작성을 통해 원하는 시각화 자료를 확인할 수 있다. ChatGPT ADA에서 자주 쓰는 그래프는 막대그래프(활동별 참여자 수, 비용 항목 비교), 선 그래프(월별 예산 집행 추이), 원형 그래프(지출 비율), 히스토그램(연령 분포), 산점도(만족도와 참여율 관계) 등이 있다. 분석 결과를 다른 문서에 붙여 넣거나 공유하고자 할 때는 ChatGPT에서 만든 차트 이미지를 다운 받아 보고서, 프로포절, PPT에 삽입이 가능하며 필요하면 엑셀이나 파워포인트에서 재편집이 가능하다. 이러한 시각화 자료는 프로그램 운영 성과 보고서(참여자 연령 분포 히스토그램 삽입), 예산 결산 보고서(항목별 지출 비율 파이 차트), 운영위원회 회의자료(월별 지출 추세 선 그래프) 등에서 유용하게 사용된다.

평소 쓰는 엑셀에서 바로 "피벗 테이블 만들어줘", "항목별 비율 계산" 같은 요청을 하면 표·차트·수식(공식)을 자동으로 생성해준다. 예산 계산·단가 곱셈·합계·간접비 반영 등 회계 업무에 편리하다. 먼저 데이터가 있는 엑셀 파일을 열고, 데이터를 테이블로 포맷(Ctrl+T 권장) 하고 오른쪽 상단의 Copilot 아이콘 클릭 → 채팅창에 지시 입력하게 되면 결과를 확인할 수 있다. Microsoft도 일부 기능에 대해 "고도의 정확성이 필요한 회계문서에서는 출력물을 꼭 사람 검증하라."는 주의를 권한다. 더욱 출력된 수식의 참조 범위(헤더 포함 여부)를 확인해야 한다.

여러 논문·보고서·정책자료(문헌 자료)를 AI로 분석해서 '무엇이 중요한지' 뽑아내고, 그 결과를 이해하기 쉬운 그림(시각화)으로 보여주는 방법을 설명하고자 한다. Elicit라는 AI 도구로서 질문(토픽)을 입력하면 관련 논문을 찾아 요약·주요 주장·문헌 근거를 뽑아주는 연구용 AI이다. 문장 수준의 출처 표시가 강점이라 문헌 기반 주장 작성에 유리하다. "지역 기반 노인 돌봄의 효과성" 같은 질문을 넣어 핵심 논문 20편의 요약과 핵심 결과표를 받아 프로포절 배경 및 필요성 부분에서 사용한다.

Elicit 활용 분석 결과 시각화 방법은 Elicit은 검색한 논문·문헌 데이터를 CSV/Excel 파일 형태로 내보내고, 내보낸 데이터를 엑셀, 구글 시트, 파이썬, R, 또는 Power BI 같은 시각화 툴로 가져가면 그래프·차트 제작이 가능하다. ChatGPT(Advanced Data Analysis)와 연계하는 방법으로서 Elicit에서 정리한 데이터를 CSV로 추출하여 ChatGPT의 Advanced

Data Analysis(코드 인터프리터)에 업로드하면 자동으로 막대그래프, 꺾은 선 그래프, 워드 클라우드 등을 생성한다. '정보 정리의 기술' 챕터 중 하나로, 많은 업무 환경에서 PDF 문서(논문, 보고서, 매뉴얼 등) 을 접하게 되는데, 이 많은 정보를 빠르게 요약하고 활용하는 것이 중요하다는 점을 강조한다. 몇 가지 AI 도구를 활용한 PDF 문서를 정리하는 방법은 다음과 같다. 첫 번째는 하이퍼 클로바 X로 PDF 문서를 정리하는 방법이다. 관련된 PDF 파일을 준비하고 클로바엑스_clova-x. naver.com에 로그인을 한 후 왼쪽 상단의 문서 이해 도우미를 클릭하면 첨부 파일을 붙여 넣을 수 있는 프롬프트 창이 나온다. 준비된 PDF를 업로드하면 빠르게 문서 분석을 끝내고 문서의 내용을 요약 정리해준다.

코파일럿으로 PDF 문서를 정리하는 방법이나 유료인 Pro 버전에만 가능하지만 Edge를 이용하면 무료 버전에서도 PDF 문서를 읽고 대화할 수 있다. Edge를 실행 후 관련 PDF 파일 열기를 누르면 Edge 창에서 PDF가 바로 열린다. 잠시 기다리면 왼쪽 상단에 "Copilot"에 물어보기 메뉴가 활성화된다. "Copilot"에 물어보기 메뉴를 누르면 오른쪽 창이 열리고 이 PDF 문서를 기반으로 코파일럿과 대화를 나눌 수 있다. 그러나 지금 화면에 있는 2~3페이지 정도만 요약해서 대화를 해준다는 단점도 있다.

ChatPDF로 PDF 문서 정리를 하는 방법은, 무료버전에서 하루 2개 3MB 이하의 PDF 파일을 올릴 수 있고 그 이상을 사용하기 위해서는 Plus로 업그레이드를 해야 하는데 월 사용 비용이 지출된다. ChatPDF_www. chatpdf.com에 접속해 PDF 파일을 올리면 바로 한글로도 대화를 나눌 수 있고 필요한 부분을 요약 및 정리를 할 수 있다. GPT-4o으로 PDF 문서 정리하는 방법으로써 GPT-4o(유료)에서는 PDF을 첨부해 바로 대화를 나눌 수가 있다. PDF를 올리기 전에 무엇을 물어보고자 하는지 목적을 명확히 하고 "그래프로 정리해줘.", "표로 정리해줘." 등 보다 구체적으로 질문하면서 활용해야 한다.

사회복지 현장 "간단 워크플로"

	구분	내용	사이트
1	문헌 수집	ResearchRabbit/Elicit/Google Scholar/기관 DB로 ① 종자논문 5개 선정	https://www.researchrabbit.ai
2	요약 수집	Scholarcy/Iris.ai로 각 논문 요약(방법·주요결과) 추출	https://www.scholarcy.com
3	선별	Rayyan로 초록 스크리닝(포함/제외)	https://www.rayyan.ai
4	주제 파악	초록 텍스트로 토픽모델(간단: pyLDAvis) 돌려 주요 주제 5개 파악	https://pyldavis.readthedocs.io
5	증거맵 및 네트워크	VOSviewer로 인용/공저 네트워크 만들어 '핵심 연구군' 확인.	https://www.vosviewer.com
6	보고서 작성	Elicit/ChatGPT로 '요약 → 시각물(이미지 파일) 삽입 → 결론·제안' 형태의 보고서 초안 작성.	https://elicit.com

7

프롬프트를 통한
좋은 질문 만들기

현장에서 바로 쓰는 프롬프트 질문 설계

프롬프트는 생성형 AI에게 우리가 요청하는 질문이나 명령을 말한다. 프롬프트 엔지니어링은 이용자가 원하는 결과물을 뽑아내기 위한 질문을 만드는 직업이다. 내가 원하는 결과물과 내용을 얻기 위해서는 프롬프트를 잘 작성하고 질문해야 함으로 몇 가지 사항을 설명하고자 한다. 첫 번째로 질문을 구체적으로 해야 한다. ChatGPT는 질문이 구체적일수록 좋은 답변을 빠르게 주며 혹여나 질문이 모호하거나 불분명하면 ChatGPT가 알아서 추가 정보를 알려달라고 이야기한다.

프롬프트 나쁜 예시

사회복지에 대해 알려줘.

문제점: 너무 광범위하고 모호해서 AI가 일반적인 정보만 제공하거나 실제 업무에 바로 적용하기 어렵다.

두 번째는 명확한 단어를 사용해야 한다. 명확하고 간단하며 이해하기 쉬운 단어를 사용해야 한다. 모호한 단어는 AI가 여러 의미 중에 하나로 추측하여 불필요한 정보를 제공하거나 엉뚱한 결과를 도출할 수 있다. 명확한 단어는 AI가 정확히 어떤 정보를 제공해야 하는지 이해를 해서 실무에 바로 활용이 가능한 내용을 전달한다. 명확한 단어 사용 전략에 있어서는 먼저 구체적인 대상을 지정해야 하는데 '참여자를 위한 보고서 작성'이라고 질문하기보다는 '20명의 발달장애인을 위한 3개월 주간 활동 보고서 작성'이라고 하는 것이 좋다. 단순히 문서를 정리해달라고 질문하는 것보다 'PDF 문서에서 활동별 예산 항목만 뽑아서 표로 정리해줘.'라고 질문하는 것처럼 행위와 목적을 명확하게 하거나, 단순히 결과만을 알려달라고 질문하기보다 '표와 막대그래프로 총예산 대비 활동별 비율을 시각화해줘.'라고 형식을 지정한 질문을 한다.

세 번째는 상황과 배경을 제공해야 한다. 우리 시설은 20명의 발달장애인을 대상으로 주간 활동을 진행하며 예산은 3개월 기준으로 책정해달라고 질문하는 것 같이 대상, 기간, 기관 특성 등의 배경 정보를 포함하여 질문을 해야 한다. 때론 맥락을 제대로 이해하지 못해 엉뚱한 답변이 있을 수 있어서 일종의 사전학습 차원으로 예시를 질문으로 활용하는 것도 좋은 방법이다.

충청남도 농촌 지역에 거주하는 발달장애인 15명을 대상으로, 지역 농산물 유통 업체와 연계한 포장 작업 일자리 프로그램을 기획 중이야. 장애인의 이동 편의성 부족과 지역 기업의 인력 부족 문제가 동시에 발생하고 있어. 6개월 시범 운영 후 정규직 전환을 목표로 해.

해결점: 지리적 특성(농촌), 대상자 특성(발달장애인), 기업 협력 가능성 등 현실적 조건이 반영되어 실현 가능한 실행 계획(이동 지원 차량 확보, 기업 MOU 체결 방안 등) 제안

네 번째는 복잡한 질문은 단계별로 나눠 좋은 결과가 나올 때까지 계속 질문을 한다. 복잡하고 종합적인 질문인 경우에는 단계별로 나눠 질문을 하는 것이 좋다. 비용 계산 부분, 표 정리, 그래프 생성, 요약문 작성 순으로 질문을 하는 것처럼 복잡한 질문일수록 세부적으로 나누는 것이 좋다. 원하는 답변을 얻지 못한 경우 추가 정보나 맥락을 제공해 주면 더 나은 대답을 받을 수 있으며 최소의 답변을 얻기 위해서 꼬리에 꼬리를 무는 지속적인 질문을 한다.

위기 가정 아동을 지원하는 프로그램을 만들어줘!

문제점: 대상자 범위, 지원 유형, 지역적 특성 등이 불분명해 모호한 답변이 나올 수 있다.

1. 서울시 강북구에 거주하는 학령기 아동 중 부모의 실직으로 긴급 생필품 지원이 필요한 가구를 대상으로 한 프로그램을 기획하려고 해. 해당 지역의 아동 빈곤율은 35%(2024년 통계)로 서울시 평균보다 15%p 높아. 이 문제를 해결하기 위한 첫 단계로, 지원 대상자 선정기준과 필요 자원을 파악해줘!

해결점: 지역(강북구), 대상자(학령기 아동 + 부모 실직 가구), 데이터(빈곤율 35%)가 명시되어 구체적 지원 방향 설정 가능

2. 앞서 선정한 위기 가정 아동 50명을 대상으로 월 10만 원 상당의 식품 키트를 6개월간 지원하려 해. 후원처 발굴 방안과 예산 편성 시 고려해야 할 항목을 알려줘. 단, 지자체 보조금 외 자체 모금액은 30%로 제한돼!

해결점: 지원 규모(50명, 월 10만 원, 6개월), 예산 제약(자체 모금액 30%)이 명시되어 현실적인 재원 조달 전략(기업 CSR 협약, 크라우드 펀딩 등) 제안 가능

3. 식품 키트 배송을 위해 자원봉사자 10명과 협력 기관 3곳(지역 마트, 복지관, 병원)을 확보했어. 매주 수요일 오후 2~5시에 배송을 진행할 계획인데, 효율성을 높이기 위한 물류 체계와 참여자 만족도 평가 방법을 알려줘!

해결점: 자원(자원봉사자 10명, 협력 기관 3곳), 일정(매주 수요일), 활동 내용(배송)이 구체화되어 실용적 운영 방안(물류 동선 최적화, QR 코드 기반 설문조사 등) 도출 가능

마지막 다섯 번째는 ChatGPT 등의 AI의 답변은 유용하지만, 정확성과 신뢰성을 보장하기 위해 반드시 검증 과정이 필요하다. ChatGPT-4는 2021년 9월까지, GPT-4 Turbo는 2023년 4월까지의 정보까지 학습된 정보를 가지고 답변을 하는 것이라서 최신 정보를 잘 모르거나 수치가 틀리거나 잘 모르는데 아는 척 엉뚱한 대답을 하는 경우가 있다. 때론 똑같은 질문을 해도 다른 대답이 나올 수 있어서 더욱 ChatGPT의 답변은 검증과 함께 크로스 체크가 절대적으로 필요하다.

8

AI와 사람의
협업 영역 구분하기

AI와 사람의 협업 영역

AI와 프로포절 담당자와의 협업 영역을 구분하기에 앞서서 왜 협업이 필요한지부터 설명하고자 한다. AI는 빠른 초안 작성과 자료 정리를 하고 여러 관점으로 분석이 가능하지만 사실 검증, 윤리적인 부분, 실제 사회복지 현장의 현황을 반영하는 데 아직까지는 한계가 드러난다. 오로지 자료에 근거한 자료 수집과 분석이 이뤄지다보니 실제 운영되고 있는 사회복지 현장의 이야기들을 현실적으로 반영하기 어렵고, 신청기관에서 경험하는 구체적인 내용까지 프로포절 내에 담아낼 수 없게 된다.

프로포절은 단순문서가 아니라 신청기관의 가치 및 비전, 클라이언트의 생활, 지역사회 및 클라이언트의 욕구 등이 반영되어야 할 서류임으로 더욱 전문 기획자의 전문성이 필수적으로 필요하다. AI는 오직 도구로서 활용해야 하며 전문 기획자는 프로포절의 주체라는 점을 분명히 해야 한다. 프로포절을 작성하는데 있어서 전적인 AI 활용과 믿음을 지양한다. 분명한 것은 효율성의 극대화와 품질 향상 즉, 프로포절의 질 향상을 핵심 전략이라고 보았을 때 AI와 인간 간의 분명한 역할 분담이 필요하다. 각 영역 구

분과 함께 어떻게 협업 방식을 채택할지와 협업 방식을 통한 질 높은 프로
포절 작성이 중요한 것이다. AI가 담당해야 할 영역과 사람 즉, 프로포절
담당자로서의 영역과 역할은 분명히 구별되어야 한다. 단순히 AI 활용만을
전적으로 의지하는 것을 지양하고 AI가 할 수 있는 영역에서 놓칠 수 있는
부분을 프로포절 담당자가 채워나가야 한다. AI는 빠른 조력자로서, 기획
자는 책임 있는 설계자로서 각각 담당해야 할 영역을 구분할 수 있다는 것
이다.

AI가 담당해야 하는 영역

AI는 프로포절 관련 여러 정보들을 수집하고 분석 및 예측을 하는 역할
을 한다. 기존 진행되었던 프로포절 및 프로그램의 성공 및 실패 요인, 세
부 전략에 대한 성과, 예산 배분의 효율성 등을 찾고 최적의 전략을 제시토
록 한다. 인구통계학적인 자료와 기타 데이터를 제시하고 지역별 및 대상
자별의 욕구를 정량화시키며 예산의 최적화 측면에서 인적 물적 자원 투입
과 지원금에 대한 세부 계획과 함께 예상되는 성과들을 제시한다. AI가 전
국 발달 장애인 자립 지원 현황을 데이터화 하고, AI가 서울시 독거노인들
의 현황 등을 분석하여 방문 돌봄 서비스 확대 지역을 시각화시키거나, 필
요한 세부적인 대안을 제시한다.

반복적 업무를 자동화시키는 역할을 한다. 지원처의 지원 경향 및 비전,
심사기준, 신청기관의 비전 등을 포함하여 프로포절의 초안을 생성하며 작
성된 프로포절에 대한 맞춤법 및 문법 오류를 검출하거나 제시한 데이터
내용을 시각화(그래프)하거나 표 형식으로 정리한다. 정보를 빠르고 분명

하게 표현하기 위해 정보, 자료, 지식을 그래픽 시각적으로 표현한 인포메이션 그래픽(Information graphics) 등으로 시각화한다. 프로포절의 아이디어 생성에 대한 지원 부분인데 의료, 교육, 환경, 사회복지 분야의 성공 사례를 융합해 혁신적인 아이디어를 제안함으로써 종합적이고 통합적인 프로포절의 아이디어를 생성한다.

프로포절의 세부 내용 중 적절한 홍보 대안 등과 같은 부분을 지원한다. 프로포절의 성과 등을 알리고 참여자를 모집하기 위한 현실적인 홍보 대안을 제시하거나, 매력적인 홍보 동영상을 제작, 프로포절 참여자를 위한 현실적인 세부 프로그램 제안, 세부 프로그램을 평가하는 평가 도구 등도 함께 제공한다. 서류심사 이후 현장심사 및 면접심사 시 활용되는 사업 소개 프레젠테이션 제작 또한 지원받을 수 있고 면접심사 시 예상되어지는 질문 문항 등도 지원받아 선정에 필요한 여러 정보들도 함께 제공할 수 있다.

사람이 담당해야 할 영역

구체적인 대안과 정보들은 AI의 영역이었다면 사람은 몇 가지의 영역으로 구분하여 설명한다. AI가 분석한 데이터를 바탕으로 목표를 보다 명확히 하는 역할을 수행하며 AI가 제안한 세부적인 프로그램의 사회적 영향력 및 파급력 등을 평가한다. 개인정보 보호 부분, 정치적인 편향 가능성, 민감 사례, 인권 침해 가능성 검토 등도 함께 살펴볼 수 있다. 실제 사회복지 현장을 반영하는 것이다. AI를 통해 제시된 통계 수치만으로 설명할 수 없는 부분인 클라이언트의 실제 사례, 지역사회의 실제 사례 등을 추가함으로써 지역사회의 현장감이 프로포절 안에 추가되는 것이다. 또한 지역사회만의 문화적 맥락을 고려하여 지역사회 및 클라이언트에게 맞는 맞춤형 프로그램을 설계하는 것도 사람으로서 담당해야 할 영역이다.

협상 및 관계 구축 부분이다. AI가 만든 데이터 시각화를 활용하여 적절한 프리젠테이션을 구성하거나 예상 질문지와 답변에 대한 지역사회의 현장의 이야기가 더욱 담겨 있도록 한다. 프로포절 심사 과정 중 심사위원의 주관적 평가나 정성적 의견을 반영하거나, AI가 반영하지 못하는 현장의 이야기들을 면접 과정 가운데 추가하는 것도 사람으로서 담당해야 할 영역이다. AI가 제시한 내용일지라도 통계 수치, 법적 근거, 정책 인용 부분을 직접 확인하고, 오류 발생 시 직접 수정하는 역할을 해야 한다.

AI가 제시한 대안 등이 현실적으로 지역사회 내에서 가능한 대안인지 살펴봐야 한다. 너무 무리한 수치와 대안은 아닌지, 대안이 너무 협소하여 종합적인 대안 제시가 부족한지, 너무 협소한 대안 제시인지 등을 살펴보고 때에 따라서는 사업의 규모를 수정하는 것도 사람이 해야 할 역할이다. 타기관에서 진행된 우수 프로그램을 중심으로 대안을 제시했다면 우리 지역사회에서, 우리 기관에서 충분히 수용하고 진행 가능한 일인지도 면밀히 살펴보고 검토해야 할 것이다.

때에 따라서는 제시한 대안이 매우 우수한 프로그램일지라도 우리 지역과 우리 클라이언트에게 맞지 않는 프로그램일 수도 있기 때문이다. 프로포절의 결과 외 책임은 신청기관이 오로지 책임지는 것이다. 여러 정보들도 명확한 근거를 두고 제시해야 하며, 인권 등과 같은 가능성 등을 충분히 검토하고 조심스럽게 제시하려는 노력이 필요하다. 정확하지 않는 내용을 가지고 함부로 제시하는 것은 윤리적인 부분에서 문제가 나타날 소지가 매우 큼으로 책임감 있는 프로포절 작성과 진행이 될 수 있도록 최선의 노력을 다해야 한다.

협업 워크플로

협업 워크플로는 여러 사람이 함께 일할 때, 업무와 정보가 체계적으로 흐르도록 하는 작업 절차나 시스템을 의미한다. 그래서 위에 설명한 AI와 사람의 협업 예시를 다음과 같이 제시한다.

	구분	역할 담당	역할 내용
1	자료 정리, 초안 분석	AI	필요성, 근거, 목표 등의 프로포절 초안 작성
2	지역사회 사례 추가	사람	지역사회, 클라이언트의 구체적인 사례 내용 추가
3	아이디어 기획	사람	욕구 파악(상담 내용 등), 기관 목표 정리
4	가독성 및 다양한 AI 내용 생성	AI	심사위원, 지원처에 맞춤 요약, 가독성 높게 문체 내용 수정 등
5	최종 검수 및 제출	사람	사실, 윤리적 부분 등을 확인 후 최종 제출

AI로 완성하는 프로포절 작성 실전

Step 1

기획과
초안
구조 잡기

1

AI로 초안 작성하고
구조 다듬기

본격적인 프로포절 작성 전 단계

본격적으로 앞서 설명한 AI 도구를 활용해 실제 프로포절을 작성해 보고자 한다. 프로포절은 크게 프로그램 중심과 기능 보강 중심으로 구분된다. 프로그램은 지원처에서 별도의 주제를 제시하지 않고 예산 범위 내에서 신청하는 '신청사업'과, 지원처가 특별 대상과 특정 주제를 제시하는 '기획사업'으로 나뉜다. 기획사업은 때론 시범사업 형식으로 운영되기도 하고, 인건비 지원 등이 포함되어 예산 규모가 크며 총 3년의 계획서를 작성해야 하는 복잡한 작업 과정이 있다. 다양한 프로그램 중에서 기획사업 중심으로 AI 도구를 활용한 프로포절을 작성할 예정이며, 최근 사회복지공동모금회에서 지원하는 기획사업 "시설거주 장애 청소년·청년의 자립을 위한 통합지원 사업"을 가지고 새롭게 프로포절을 작성해 본다.

왜 기획사업을 중심으로 새롭게 AI를 활용한 프로포절을 작성해야 하는가? 그 이유는 예산 지원 범위가 큰 만큼 작성해야 하는 내용이 많고 종합적으로 작성해야 하는데 AI 도구를 활용하는 것이 매우 효율적이기 때문이다.

본격적인 프로포절을 작성하기 이전에 충분히 지원처에서 제공하는 공지문 등을 통해 지원의 목적 등의 지원처가 원하는 프로포절 방향성을 살펴봐야 하며, 본 사업을 통해 무엇을 이루고자 하는지에 대한 부분까지도 세밀하게 살펴보고 되도록 프로포절 내에 충분히 포함시켜야 한다. 각 지원처는 프로포절을 통해 각자 이루고자 하는 것들이 분명 있기 때문에 다양한 정보들을 통해 지원처가 무엇을 이루고자 하는 것인지, 어떤 방법으로 이루고자 하는지 등을 본격적인 프로포절을 작성하기에 앞서서 충분히 살펴본다.

지원처에서 제공하는 공지문 분석 전략

지원처에서 제공한 공지문을 가장 먼저 살펴봐야 한다. 사업의 필요성 부분을 살펴봄으로써 지원처가 지켜보고 있는 지금의 상황과 그 상황을 해결하고자 하는 내용을 함께 생각해봐야 한다. 공지문을 살펴보면서 중요한 중점 지원 내용은 다음과 같다.

사회복지공동모금회 기획사업 공고문

○ 제도적 공백과 자립 지원의 사각지대
  - 우리나라 장애아동·청소년의 경우 현행 제도 내에서 자립에 대해 체계적으로 지원 받을 수 있는 기반이 미비한 실정
  - 시설거주 장애아동·청소년은 성년 이후의 자립을 준비할 기회를 충분히 제공받지 못하고 있음
  - 장애아동·청소년이 성장 과정에서 자립을 준비할 수 있도록 제도적 기반을 마련하는 것이 시급함
○ 전환기 교육 부재로 인한 자립 준비 부족
  - 아동기부터 청소년기, 성인기로 이어지는 생애 전환기에 걸쳐 누적적으로 형성되어야 함. 정서적·사회적 성장을 돕는 전환기 교육의 기회를 충분히 제공받지 못하여 퇴소 후 빈곤, 주거 불안, 사회적 고립 등 이차적 위험에 직면할 가능성이 큼
  - 장애 청소년(청년 포함)에 집중하여 사업을 추진하고자 함
○ 자립 지원 전담 인력 부재
  - 해당 인력이 부재하여 자립 지원 업무가 시설 종사자의 개별 역량에 의존되고 있는 실정
  - 시설에 거주하는 장애 아동·청소년 자립을 위한 뚜렷한 전달체계가 부재한 상황이므로 장애아동·청소년이 퇴소 전 단계부터 체계적으로 자립을 준비할 수 있도록 자립 전담 인력의 배치 및 역할이 필요

공지문 내용 중 주요 사업내용을 살펴봄으로써 지원처가 지원하고자 원하는 사업내용들을 살펴보고 프로그램 기획시 지원처에서 제시한 주요 사업내용들을 필수로 포함시켜야 한다. 추후 지원처에서 제시한 수요 사업내용들을 바탕으로 AI 도구를 활용하여 "제도적 공백과 자립 지원의 사각지대" 내용을 중심으로 다양한 현황과 내용 등을 살펴보고, 시설 장애인 청소년·청년을 자립을 위한 통합지원 사업과 관련되어 타 기관에서 운영하고 있는 우수 프로그램들의 정보를 수집 및 분석하여 신청기관만의 특별한 프로그램을 기획하도록 최선의 노력을 다한다.

AI 기반 프로포절 초안 작성 전략

프로포절을 작성하는 담당자는 여러 자료를 바탕으로 매력적인 프로포절을 작성하려고 한다. 기존 수많은 경험들과 함께 사전 검색한 다양한 자료들이 도리어 당황스럽게 만들기도 한다. 다양한 내용을 포함해야 한다는 생각과 매력적인 프로포절을 작성하고자 하는 생각들이 합해져서 결국 방향성을 잃은 프로포절이 되곤 한다. 당장 프로포절을 작성하게 되면 여러 생각들로 인해 프로포절의 분명한 방향성을 잃을 수 있으며, 여러 내용들이 섞여 분명한 목적이 없는 형편없는 프로포절이 될 수밖에 없다. 신청기관에서 어떤 방향으로 작성해야 하고 중점 내용을 무엇으로 할지를 프로포절을 작성하기 전 충분한 고민과 준비가 필요하다.

이러한 고민들을 해결하고 분명한 방향성과 목표를 설정하기 위해서는 본격적인 프로포절을 작성하기 앞서서 담당자로서의 다양한 경험과 대상자 및 기존 우수 프로그램 등과 관련한 다양한 자료 등을 바탕으로 초안을 작성한다. 초안의 구성 내용은 주요 지원 대상자, 주요 지원 대상자의 욕구 및 현황, 사업의 목표, 대상자의 욕구 등을 해결하는 대안을 중심으로 작성한다. 프로포절을 통해 무엇을 원하고 이야기하고자 하는 것인지를 정리하는 과정이다.

기존에는 프로포절 초안을 작성할 때 관련 자료와 지원처의 운영 지침, 그리고 공지문(안내문) 등을 바탕으로 정리해 왔다. 이러한 자료를 참고해 A4 용지 한 장 분량으로 초안을 구성하는 경우가 많다. 이때 초안에는 주요 지원 대상자, 대상자의 욕구 및 현황, 사업 목표, 그리고 욕구를 해결하기 위한 대안 등이 중심 내용으로 담긴다. 이러한 경우 많은 시간이 소요되어 프로포절을 작성할 시간이 부족하게 되고 결국 질 높은 프로포절을 작성하기 어렵게 된다. 다소 시간을 줄이고 프로포절 작성 시간을 확보하기 위해서라도 ChatGPT(챗지피티)나 CLOVA X(클로바 X) 등의 AI 도구가 활용이 필요하다.

먼저 AI 도구 중 ChatGPT(챗GPT), CLOVA X(클로바 X), Gemini(제미나이) 중에 하나를 정하며 명확한 명령어 작성이 중요한 만큼 프롬프트를 통해 구체적인 질문을 입력한다. 프롬프트는 좀 더 자세히 작성하되 사업의 목적, 사업의 대상 등이 포함하여 자세히 질문을 하고 지원처에서 제공한 공지문 내용 중 사업의 필요성, 사업의 목적, 주요 사업내용 등을 포함하여 질문을 입력한다.

프롬프트

너는 프로포절을 작성하는 전문 사회복지사야. 사회복지공동모금회에서 지원하는 기획사업인 시설 장애인 청소년·청년을 자립을 위한 통합지원 사업에 신청하려고 해. 사회복지공동모금회에서는 제도적 공백과 자립 지원의 사각지대와 전환기 교육 부재로 인한 자립 부족, 자립 지원 전담 인력 부재 등의 사업의 필요성 부분을 강조하고 있어. 자립생활 기술 훈련과 전환기 교육이 포함된 자립 전 사업과 주거 및 자립 지원 시 필요한 자립 후 사업이 들어가야 하고 전담 인력 배치와 밀착 지원, 사업 지속가능성 확보 등이 주요 사업내용에 들어가야 해. 신청기관은 장애인거주시설로서 시설 청년 장애인을 대상으로 자립 전후 프로그램과 사업 지속 가능성을 확보하는 제도 및 인프라를 구축하기 위해 프로포절을 작성하려고 해. 사업 계획서를 작성하기에 앞서서 시설 청년 발달장애인의 자립을 위한 포용적 브릿지 통합지원 사업을 진행하려고 하는데 사업 계획서의 초안을 사업대상, 사업목표, 주요 사업내용, 기대효과 중심으로 사업의 초안을 작성해줘.

보통 프로포절의 초안은 전체적인 사업 계획서 내의 핵심적인 요소가 포함된 기본 계획서를 의미하며 프로포절을 완성하고 구체화하기 전 전체적인 구조를 설계하는 매우 중요한 과정이다. 프로포절의 초안의 요소로서는 사업 대상, 사업 목표, 주요 사업내용으로 구성되어야 하며, 기존 지원처의 안내 사항과 다양한 프로포절 관련 자료를 바탕으로 신중히 초안을 구성해야 한다. AI를 통한 다양한 초안의 내용들도 함께 검토해야 하는데 보통 일반적인 내용 중심의 초안 작성이 될 수 있음으로 우리 지역과 우리 지원 대상자에 맞는 적절한 초안 작성이 매우 중요하다. 이러한 다양한 정보를 바탕으로 "시설거주 장애 청소년·청년의 자립을 위한 통합지원 사업"에 대한 프로포절의 초안 작성을 작성한다.

구분	AI 도구	
	ChatGPT	CLOVA X
사업대상	○ 장애인거주시설에 거주하는 만 16세~34세 청소년·청년 발달장애인 ○ 자립 전환기를 앞둔 시설 내 발달장애인으로서, 주거·직업·일상생활 능력 강화가 필요한 대상자 ○ 자립 의지는 있으나 제도적 지원 공백과 맞춤형 전환기 교육 부재로 인해 자립 준비가 미흡한 청년	○ 연령: 18세 이상 30세 미만의 시설 거주 청년 발달장애인 ○ 지역: 경기도 ○○시 장애인거주시설 소속 이용자 ○ 규모: 연간 50명(단계적 확대 예정)

프로포절 초안 작성

한 번의 프롬프트 입력을 통해 실제 원하는 답변이 나올 수 없기 때문에 수 차례 질문을 입력한다. 여러 번의 입력을 통해 프로포절의 핵심 대상, 핵심사업 내용이 구성되어야 하고 지원처 및 심사위원의 입장에서 다른 관점을 고려한 매력적인 프로포절이 구성될 수 있도록 수차례 질문을 통해 만들어야 한다. 보통 생각하는 지원 대상자 중에서 더 어려운 대상이 누구일까, 현재 대상자에게 지원하는 프로그램과 다른 차별적인 부분은 무엇이 있을까, 지원처 입장에서 새롭게 느껴지는 방안이 무엇이 있을까라는 생각으로 수차례 질문을 입력하고 하나씩 완성해 나간다.

기획사업은 특별한 주제와 특정 대상을 지원처에서 제시하거나, 차후 정책 개발 등에 활용하기 위해 시범적으로 사업을 운영하는 특징이 있다. 프로포절인 경우 예산 규모 등이 크지 않지만 기획사업인 경우 최대 3년간 지원하거나 수행 인력의 인건비까지 지원할 정도로 사업 예산 규모가 다른 사업에 비해 크다. 최대 3년간의 사업을 운영하는 만큼 연도별 사업의 방향성을 잡는 것이 매우 중요하다. 보통 1년 차는 사업의 안정성 차원으로, 2년 차는 사업의 활성화 차원으로, 3년 차는 사업 정착화 및 보급화 차원으로 운영하게 되는데 연도별 사업의 방향성 및 비전에 대한 구체적인 내용 등은 AI 도구를 활용하여 좀 더 구체화시킨다.

본 사업의 주요 지원 대상자는 시설 거주 만 18세 미만 장애 청소년 및 만 39세 이하 청년임에 따라서 현재 시설 이용인 중 청소년 및 청년의 현황을 파악하고 자립 지원이 필요한 대상자를 선별토록 한다. 대상자에 따라 지원 내용 등이 차이가 나며, 현 시설이 집중해야 할 핵심 대상자를 신중히 선별해야 한다. 여러 참고 문헌 등을 파악하여 청년 장애인 중 장애 유형별로 어떤 청년 장애인이 더 많은 지원이 필요한지 등도 면밀히 살펴보면서 본 사업의 주요 핵심 대상자를 선별토록 한다.

　현재 자립 지원에 대한 주요 대상자는 다양한 장애 유형을 가지고 있지만 실제 지제 장애인보다 발달장애인의 자립에 대한 실패 사례가 자주 발생되기도 하고, 기존 신청기관이 발달장애인의 자립 지원 사업을 꾸준히 진행하여 사업 운영에 대한 충분한 경험이 있는 만큼, 다양한 장애 유형 중 청년 발달장애인을 핵심 대상자로 선별토록 한다. 선별한 핵심 대상자 중에서도 더 어려움을 가지고 있는 대상자가 누구인가에 대한 다양한 정보와 사회복지 현장 경험을 바탕으로 신중한 결정이 필요하다.

　핵심 대상자에 대하여 달성해야 하는 사업의 목표를 설정토록 한다. 목표는 실행 계획과 연결되기 때문에 기본 지원처에서 제공한 안내문을 통해, 지원처에서 주목하고 있는 사업의 필요성 부분과 사업의 목적이 적절히 포함되어야 한다. 본 기획사업은 제도적 공백 자립 지원의 사각지대, 전환기 교육 부재로 인한 자립 준비 부족, 자립 지원 전담 인력 부재라는 분명한 사업의 필요성을 설명한 만큼 적절한 목표 수립과 수행 계획이 수립되어야 한다. 본 사업의 목표는 지역사회 내 자립 지원에 대한 제도적 기반 마련과 핵심 대상자의 청년 발달장애인의 자립 역량 강화 부분을 중심으로 설계해야 하고 두 가지 정도의 목표에 대한 세부 실행 계획도 함께 작성해야 한다.

　두 가지의 목표를 작성하였다면 목표를 달성하기 위한 세부 계획을 수립하는데 초안 작성 부분이라 지원처가 제공한 안내문 중 주요 사업내용이라고 제시한 자립 지원 제도화 추진 방안과 자립 전 지원, 자립 후 지원, 인력 지원 등이 필수로 포함될 수 있도록 한다. 자립 제도 및 인프라를 강화시키기 위하여 중장기발전위원회, 연구사업을 대표 사업으로 설계하였고, 자립 지원과 관련하여 자립 생활 기술 훈련과 전환기 교육, 실제 자립홈에서 자립 생활, 지역사회의 다양한 자원과 협력하여 통합 자립 지원 교육, 퇴소 후 통합 연계 등을 중요한 단위 사업으로 구성하고 추후 초안을 통해 구성한 대안에 대해 구체적인 내용 등이 수립토록 한다. 프로포절의 초안을 작성하는 만큼 전체적인 그림을 그리는 것과 좀 더 현실적이면서 혁신적인 아이디어가 나타날 수 있도록 다양한 정보들을 바탕으로 신중하게 작성해야 한다.

구분		내용
지원 대상		○○시에 거주하는 만 39세 미만 청년 발달장애인
사업 목표		자립 지원 제도화 추진
		청년 발달장애인의 자립 역량 강화
세부 계획	자립 전	자립생활 기술 훈련, 전환기 교육
	자립 훈련	일상생활훈련프로그램, 의사소통기술훈련
	퇴소 이후	모니터링, 자립 지원 서비스 연계
	제도 및 인프라 강화	중장기발전위원회, 자립 관련 연구사업

사업 방향성 설정 및 추진 중점 사항에 대한 초안 작성

첫 번째로 전체 사업에 대한 초안을 작성했다면 다음으로 1차~3차 연도의 사업 방향성 설정 및 추진 중점 사항에 대한 초안 작성이 필요하다. 단순히 1차 연도 사업을 설계하는 것을 떠나서 본 기획사업은 총 3년 지원 사업임으로 총 3년의 사업 운영에 대한 전체적인 그림을 그려야 한다. 매년마다 다른 사업을 계획하는 것이 아니라 같은 방향을 가지고 각 연도별 세부 계획이 수립되었을 때 결국 사업의 효과를 증대시킬 수 있으며 효율적인 측면에서도 매우 긍정적인 영향을 줄 수 있음으로 총 3년의 사업 운영에 대한 초안 작성이 매우 중요하다.

구분	AI 도구	
	ChatGPT	CLOVA X
1차 연도	○ 기반 마련 및 자립 전 단계 집중 - 자립 준비도 진단 및 개별 자립계획 수립 - 자립 전환기 교육 및 자립생활 기술 훈련 집중 - 전담 인력(자립 지원 코디네이터) 배치 및 사례관리 시스템 정착 - 가족·보호자 교육 및 참여 확대	○ 기반 구축 및 시범 운영 - 전담 인력 체계 구축 - 자립 전 프로그램 개발 - 파일럿 운영: 시설 내 20명을 대상으로 시범 운영, 피드백을 통한 프로그램 수정
2차 연도	○ 자립 실행 및 자립 후 지원 강화 - 자립주거 시범 운영(그룹홈·체험주택 등) - 취업·직업훈련 프로그램 운영 및 지역 기업 연계 - 자립 후 생활 밀착 지원(멘토링, 위기대응, 가정방문) - 지역사회 연계망 확대(복지관, 고용센터, 주거기관 등)	○ 실행 확대 및 지역사회 연계 강화 - 자립 후 지원 시스템 구축 - 참여 대상 확대 - 협력 네트워크 활성화
3차 연도	○ 정착 지원 및 제도화·지속가능성 확보 - 자립 후 정착 지원 강화 및 지속적 사례 관리 - 자립 지원 매뉴얼·성과모델 개발 - 지역사회 및 지자체 협력 통한 제도적 인프라 구축 - 사업 종료 이후 지속 가능한 지원체계 마련	○ 안정화 및 성과 평가 - 모니터링 체계 고도화 - 지속가능성 모델 정립 - 성과 공유 및 확산

기획사업을 통해 동일한 방향을 유지하면서 결국 사업이 안정적으로 정착화되어 지원처 지원만이 아닌 지역사회 내에서 자체적으로 운영할 수 있는 체계와 시스템을 만드는 것이다. AI 도구 중 ChatGPT(챗GPT)나 CLOVA X(클로바 X) 등을 통해 포로포절의 초안일지라도 신청기관과 클라이언트 등을 고려하여 신청기간 안에 초안을 최종 결정토록 한다. 앞서

이야기한 것처럼 AI 도구는 그저 도구로서의 역할일 뿐 맹목적으로 믿고 따를 이유는 없다. 종합적인 의견일 수는 있으나 우리 지역과 클라이언트에게 맞지 않는 초안일 수도 있으므로 제공된 프로포절 초안에 지역사회와 클라이언트의 현황 등을 고려하여 최종 종합적인 프로포절 초안을 결정하면 된다. 프로포절의 초안은 프로포절의 전체적인 설계도이자 틀로 여겨짐으로 프로포절 초안을 가지고 단계별로 내용을 채워나가는 것이 필요하다.

2

아이디어 발굴
단계별 접근

AI를 활용한 프로포절의 아이디어 찾기

프로포절은 때론 아이디어 싸움이라고 말하는 만큼 사회복지 현장에 맞는 적절한 아이디어 개발이 매우 필요하다. 아이디어는 생각만큼 잘 생각나지 않는 경우가 많아서 수시로 아이디어 개발에 힘써야 한다. 사회복지 현장에서 다양한 클라이언트와 관계된 많은 분들을 만나고 소통하게 된다. 이러한 소통 과정 속에서 프로포절에 대한 여러 아이디어를 생성시킬 수 있다. 매주 1회씩 도시락 밑반찬 지원에 대해서 지원 대상자에 대한 모니터링을 할 경우 밑반찬을 드시지 못하고 남겨두는 경우를 목격하게 되는데 이럴 경우 왜 밑반찬을 먹지 않는지에 대한 고민과 함께 어떻게 하면 다른 방안으로 결식을 예방할 수 있을까라는 대안 즉, 현장에 맞는 적절한 아이디어를 만든다.

노인맞춤돌봄서비스를 통해 독거노인을 만나는 과정 속에서 나타나는 여러 상황들 가운데에서도 아이디어가 만들어질 수 있고 사회복지 실천에 필요한 여러 문헌 및 데이터 등을 검토하는 과정 속에서도, 편안한 주말에 읽게 되는 독서 가운데에서도, 영상을 보는 가운데에서도 충분히 아이디어를 만들어낼 수 있다. 그러나 이러한 여러 아이디어는 한 개인의 경험에 국한되어 있기 때문에 때론 한정적일 수도 있고 일반적인 아이디어로 취급받을 수 있다. 그래서 개인의 경험 가운데 아이디어를 발굴하는 것도 좋지만 다양한 아이디어를 발굴하기 위해서는 다음과 같은 AI 도구 활용을 통해 현장의 욕구와 트렌트에 맞는 다양한 아이디어를 찾을 수 있다.

사회복지 분야는 빠르게 변화됨에 따라서 다양한 사회적 상황에 맞춰 창의적이고 실효성이 있는 사회복지 프로그램이 필요하지만 기존의 경험적인 접근만으로는 새로운 문제를 해결하기 어렵다. AI를 통해 반복적 업무(문헌 검토, 유사 사례 분석)를 자동화하여 기획자의 창의적 작업에 집중할 시간을 확보할 수 있을 뿐만 아니라 빅데이터 분석을 통해 지역사회의 숨겨진 욕구나 트렌드를 포착할 수 있으며 예산 효율성을 높이기 위해 사전예측 및 위험 관리가 가능하다.

사회복지 현장에서는 전통적으로 브레인스토밍, 워크샵, SWOT 분석, 유사 사례 벤치마킹, 설무조사 및 포커스 그룹 인터뷰 등을 통해 아이디어를 개발하였으나 최근 AI 도구를 활용하여 아이디어를 생성하고 데이터 분석을 통한 욕구 및 트렌드 도출, 텍스트 마이닝(대규모 텍스트 데이터에서 유의미한 정보를 자동으로 추출하는 기술로, 글로벌 사례를 효율적으로 수집하고 분석하는 데 유용)으로 글로벌 사례 자동 수집, AI 설문 분석 툴로 응답 패턴을 예측하는 등 다양한 형태로 아이디어를 발굴하고 있다. AI는 창의적인 아이디어 개발부터 데이터 분석, 시각화까지 프로포절 기획 전 과정에서 혁신적인 도구로 활용될 수 있다. 먼저 문제 정의 및 키워드를 설정토록 한다. 해결하고자 하는 사회문제를 구체화 시켰을 때 "시설 청년 발달장애인의 지역사회 자립 지원" 부분을 ChatGPT, Bing AI에게 질문을 던져 핵심 키워드를 도출한다.

프롬프트

시설 청년 발달장애인의 지역사회 자립 지원을 방해하는 주요 요인은 뭐야?

(추가) 프롬프트

시설 청년 발달장애인의 지역사회 자립 지원을 방해하는 주요 요인 중 (제도적 및 구조적/환경적/개인적/가족 및 지원체계) 요인을 해결할 수 있는 방안은 뭐야? 여러 사례 등을 비교 분석하여 구체적인 방안을 요약해서 정리해서 알려주는데 장애인거주시설이 실행할 수 있는 실무적 방안부터 먼저 정리해서 알려줘!

제도적 구조적 요인	환경적 요인	개인적 요인	가족 및 지원체계 요인
○ 제도적 공백: 청소년기 이후 성인기로 넘어가는 전환기에 특화된 지원제도가 미비 ○ 서비스 연계 단절: 시설 내 생활에서 지역사회 서비스(주거, 취업, 돌봄)로 연결되는 체계 부족 ○ 자립 지원 전담 인력 부족: 사례관리 및 개별 자립계획을 수행할 전문 인력이 충분하지 않음 ○ 재정적 제약: 자립주거, 자립 후 긴급지원, 밀착형 서비스 등에 필요한 예산 부족	○ 주거 인프라 부족: 발달장애 청년이 이용할 수 있는 공공임대주택, 그룹홈, 체험주거 기회 제한 ○ 취업 기회 제한: 직업훈련 기관, 사회적 기업, 지역 기업의 장애인 고용 인식 부족 ○ 지역사회 수용성 한계: 발달장애인에 대한 차별·편견, 지역 주민의 낮은 이해도 ○ 교통·이동권 문제: 대중교통 이용에 제약이 많아 지역사회 접근성이 떨어짐	○ 자립기술 부족: 요리, 금융관리, 위생, 건강관리 등 실질적 생활 기술 미흡 ○ 사회적 기술·관계망 부족: 또래 관계나 지역사회 내 사회적 자원 활용 경험 부족 ○ 의사소통 제약: 자신의 욕구·문제를 적절히 표현하고 해결하는 능력이 부족한 경우 ○ 심리적 불안정: 시설 의존적 생활로 인해 독립에 대한 두려움, 낮은 자기효능감	○ 가족의 과잉보호 또는 방임: 부모나 보호자가 자립을 원하지 않거나, 반대로 지원을 전혀 못 하는 경우 ○ 가족의 경제적·정서적 부담: 자립 과정에 가족이 동반자가 되기 어려운 상황 ○ 전문가·기관 간 협력 부족: 복지관, 고용센터, 주거지원센터 등과의 연계 미흡

AI를 통한 창의적인 아이디어 개발이 매우 유용하겠지만 신청기관으로서의 수행 상황 등을 충분히 고려하여 할 수 있는 만큼의 수행 방안을 최종 결정한다. 단순히 AI를 통해 얻게 된 창의적인 아이디어일지라도 신청기관의 사회복지 현장에서 경험한 수많은 아이디어 즉, 클라이언트를 만나면서 문득 생겨난 아이디어, 관련 기관의 종사자들과 회의를 하면서 문득 생각난 아이디어, 사회복지 관련 여러 자료들을 살펴보고 연구하면서 알게 된 아이디어들까지 종합적으로 고려하여 우리 클라이언트와 지역사회에 맞는 최고의 아이디어를 결정하는 것이 가장 옳은 방법이다.

제도적 및 구조적 요인	환경적 요인	개인적 요인	가족 및 지원체계 요인
○ 시설 내부 역량·준비 　- 전환 담당 전담코디네이터 채용 　- 시설 내부 '전환 체크리스트'·표준 절차 마련 ○ '체험주거(Transition Housing)' 파일럿 운영(시설 중심 전환모델) 　- 시설 공간 일부를 단기 체험주거(3~12개월)로 전환 ○ 지역연계(허브) 구축 　- '전환협의체' 발족 　- 지역 복지관·고용센터·주거공급자·의료기관과 정기 협의체 구성 ○ 임대인·주민과의 접촉·협의(현장 실무) 　- 임대인 브리핑·위험완화(보증·수리지원 등): 민간임대 접근성 확보를 위해 임대인 대상 설명회 및 초기 보증·보험 제안(영국의 주택중개·임대인 교육 사례 유효)	○ 체험주거(Transition/Supported mini-flat) 운영 　- 실제 생활 환경에서 연습 ○ 이동성 개선 　- Travel Training(대중교통 교육) + 모빌리티 매니지먼트 ○ 현장형 직무훈련·지원고용(Supported Employment / IPS 방식 변형) ○ 임대인·주민 설득·수용성 증진(현장 캠페인 + 인센티브) ○ 물리적 접근성·가정 내 적응(홈 어댑테이션·저비용 개조) ○ 보조기술·정보도구(앱·플래너·방향 안내) 도입	○ 자립생활 기술 훈련 강화 　- 개별 맞춤 자립훈련 및 체험 기반 프로그램 ○ 사회적 기술 및 의사소통 훈련 　- AAC(보완대체의사소통) 및 ICT 활용 ○ 자기효능감·심리적 안정 지원 　- 자조모임, 멘토링 제도 ○ 가족과의 협력 강화 　- 보호자 교육: 과잉보호 완화, 자립훈련 연계, 일상생활에서 자립 기회 제공 유도	○ 가족 참여 강화 및 교육 　- 정기 가족 교육 프로그램 운영 　- 가정 연계 실습 과제 제공 ○ 가족-시설-지역사회 연결 체계 구축 　- 정기 사례 회의 및 코디네이션 ○ 지역사회 서비스 접근 지원 ○ 멘토링 및 또래 가족 지원 ○ 위기 대응 및 상담 지원

　AI를 통해 시설 청년 발달장애인의 지역사회 자립 지원을 방해하는 주요 요인에 대한 실제적인 대안을 제시하였다면 각각의 대안들에 대해 지역사회 내의 환경과 클라이언트의 현황 등을 함께 고려함으로써 세부적인 프로그램 계획을 수립한다. 제도적 및 구조적 요인 중 자립 지원에 대한 전담 코디네이터를 제안한 것처럼 신규 담당자를 채용 계획을 수립하되, 예산 범위 내에서 몇 호봉 정도의 인력을 채용하고 함께 협력할 내부 인력을 고려한 가운데 남자 코디네이터를 채용할지 아니면 여자 코디네이터를 채용할지, 채용된 인력의 업무 분장 내용과 근무시간까지 자세히 계획을 수립하고 작성한다.

　환경적인 요인으로서 체험 주거 운영 즉, 실제 생활 환경에서의 연습을 제안하였다면 시설 안에서 체험홈 형태가 아닌 시설 밖 지역사회 내에서 실제 생활 환경이 구성된 자립홈을 만들고, 지역사회 내에서 다양한 자립 훈련 프로그램을 진행하되 개별 맞춤 자립 훈련 및 체험 기반 중심의 프로그램을 구성하도록 하며 자립 훈련 시 가장 어려움이 있는 사회적 기술 및 의사소통 훈련까지 포함시킨다. 이용자 중심의 개인적 요인에 지원하는 것도 중요하지만 함께 협력할 가족 지원과 함께 지역사회 내외에 있는 다양한 협력 기관과의 연계 체계를 만들기 위한 중장기발전위원회 등을 구성토록 한다. AI를 통해 제시된 아이디어 즉, 사업 운영에 필요한 핵심적인 요소임을 기억하고 각각의 요소들을 중심으로 사회복지 현장의 다양한 경험들과 사전 분석한 데이터 등을 종합적으로 고려하여 구체적이면서 현실적인 대안을 제시하는 것이야말로 사회복지 현장에 맞는 아이디어 개발 과정이다.

　AI 도구 중에서 제미나이의 브레인스토밍 도우미를 활용하여 필요한 프로포절 아이디어를 생성할 수 있다. 제미나이를 통해 제안된 내용을 바탕으로 프로포절의 초안을 작성할 수 있고 초안을 바탕으로 사회복지 현장의 이야기와 경험 등을 추가하여 좀 더 보완된 프로포절을 완성할 수 있다.

프롬프트

> 시설 청년 발달장애인의 성공적인 자립과 지역사회 통합을 위해 세부적인
> 자립 지원 사업에 대한 아이디어를 말해줘!

　단순히 몇 가지의 아이디어를 제시하는 경우도 있겠지만 핵심 영역별로 세부 아이디어를 보다 구체적으로 나열하고 있으며 관련 주제에 맞는 구체적인 운영 사례 영상까지 제시하고 있어 세부 프로그램을 수립하는데 큰 도움을 준다.

3

서비스 대상자
분석 방법

핵심 서비스 대상자 선정 및 분석

프로포절에서 가장 중심은 서비스 대상자이다. 서비스 대상자를 제대로 이해하고 서비스 대상자에게 맞는 프로그램의 기획은 프로포절 선정에 결정적인 영향을 주는 만큼 서비스 대상자를 제대로 이해하는 것이 매우 중요하다. 담당자 개인의 입장에서만 이해하게 되어 서비스 대상자에게 맞는 프로그램을 기획할 수 없게 되고 결국은 사업의 효과성을 내지 못하는 경우도 발생된다. 사실 비장애인이 장애인의 삶 가운데 겪게 불편함과 어려움을 깊이 이해하지 못하는 것처럼 직접 경험해보지 못한다면 장애인에게 맞는 현실적인 대안을 제시하는 것이 매우 어렵다.

최대한 클라이언트를 이해하고자 하는 노력이 필요한데 보통 직접 클라이언트를 만나서 다양한 욕구와 어려움을 파악할 수 있고, 다양한 문헌 연구 등을 통해 현재 겪고 있는 클라이언트의 환경을 이해할 수 있고, 클라이언트를 지원하는 다양한 사회복지사를 포함한 협력 기관 담당자들을 통해서 서비스 대상자를 이해하려고 한다. 서비스 대상자의 개별적인 욕구가 다양한데 프로포절은 개별적인 욕구에 맞춰 지원하기보다는 다양한 서비스 대상자의 공통적인 욕구 및 요인들을 찾아 해결하는 것이다. 다양한 데이터 등을 통해 공통적인 욕구와 요인들을 찾고 그에 맞는 프로그램을 개발하기 위해서 앞서 이야기한 노력도 함께 필요하겠지만 AI를 통해 핵심 대상자에 대한 공통적인 욕구와 요인들을 찾는다.

프로포절 작성에 있어 대상자 이해와 선정은 때론 프로그램의 성패를 좌우할 만큼 매우 핵심적인 요소이다. 무엇보다 대상자의 연령, 장애 유형, 경제적인 상황 등의 구체적인 욕구를 파악하게 되면 결국 프로그램의 효과성을 확보할 수 있다. 대상자의 특성에 맞지 않는 프로그램인 경우 대상자들의 참여율이 매우 낮아지거나 효율적인 측면에서 예산과 인력을 낭비되는 상황에 놓여진다. 대상자의 의견을 반영한 프로그램일수록 참여 동기가 높아지는 만큼 포커스 그룹 인터뷰 등 당사자의 목소리를 직접 듣는 적극적인 방법도 함께 필요하며, 단순히 기획자로서의 경험과 일부 자료 등을 분석함으로써 서비스 대상자를 종합적으로 이해하고 프로그램을 기획하려는 모습은 지양한다. 시설 거주 장애 청소년·청년의 현재 상황과 문제점을 파악하기 위해 ChatGPT, Gemini, CLOVA X를 활용하면 빠르고 효율적인 정보 수집 및 분석이 가능하다. 먼저 ChatGPT와 CLOVA X는 아이디어 생성, 문제점 도출, 사례 분석에 강점이 있다. Gemini에 다음과 같이 질문을 한다.

프롬프트

시설 거주 발달 장애 청년이 지역사회 자립 시 겪는 주요 어려움은 무엇이 있어? 명확한 출처를 가지고 자세히 서술식으로 설명해줘!

1. 장기 거주 문제와 시설 의존성

문제점: 시설 거주 장애인의 70% 이상이 10년 이상 장기 거주자인데 시설 생활에 익숙해져 자립 의지가 약화되거나, 지역사회로의 전환을 위한 지원 시스템이 부족하기 때문이다.

*출처: 아동·노숙인복지시설 등 거주 장애인, 자립 지원 '사각지대'(2025.09.15. 에이블뉴스 기사)

2. 주거 불안정과 재입소 위험

문제점: 시설 퇴소 후 안정적인 주거지 확보가 어려워 재입소하는 사례가 빈번하다. 서울시의 경우, 탈시설 장애인 중 일부는 사회적응 실패로 인해 자립 역량을 재심사 받아 시설로 복귀하는 경우도 있다.

*출처: 장애인 시설 나온 뒤, 사회적응 못하면 복귀 가능… 서울 첫 추진(2024.02.27. 중앙일보 기사)

3. 일상생활 및 사회적 기술 부족

문제점: 시설 거주 장애 청소년은 기본적인 자조 기술(예: 가사, 금 관리), 사회적 관계 형성 능력이 부족한 경우가 많습니다. 이는 시설 내 집단 생활이 개인의 자율성과 사적 경험을 제한하기 때문이다.

*출처: 한국장애인개발원(2021). 발달장애인 자립생활 지원 방안 연구

4. 제도적 지원의 사각지대

문제점: 현행 장애인 자립 지원 제도는 특정 시설 거주자 위주로 설계되어, 노숙인복지시설이나 정신건강복지시설 거주 장애인은 지원 대상에서 제외되는 경우가 많다. 이로 인해 시설 유형에 따른 차별이 발생한다.

*출처: 아동·노숙인복지시설 등 거주 장애인, 자립 지원 '사각지대'(2025.09.15. 에이블뉴스 기사)

5. 지역사회 연계 및 직업 지원 미흡

문제점: 시설 내 직업 훈련 프로그램이 부재하거나 형식적으로 운영되어, 퇴소 후 취업률이 낮다. 또한 지역사회 기업과의 연계가 부족해 경제적 자립이 어렵다.

*출처: 인천 미추홀구, 장애인 거주시설 종사자 대상 '지역사회 자립 지원 교육' 실시(2025.09.09. 미추홀구 보도자료)

6. 시설 종사자의 지원 역량 부족

문제점: 시설 종사자들이 자립 지원에 대한 인식이 부족하거나, 현장 적용 가능한 구체적인 지원 방법을 모르는 경우가 있다. 이는 장애인의 자립 준비 과정에 부정적 영향을 미친다.

*출처: 인천 미추홀구, 장애인 거주시설 종사자 대상 '지역사회 자립 지원 교육' 실시(2025.09.09. 미추홀구 보도자료)

현재 장애인 자립 지원 프로그램은 이론과 실천의 괴리, 개별화 부족, 지역사회 연계 미흡 등의 한계를 가지고 있다. 이를 개선하기 위해서는 현장 중심 교육, 맞춤형 지원 체계, 다자간 협력 네트워크 구축이 필수적이다. 각 개선 방안은 관련 출처에서 제안된 내용을 바탕으로 구체화 되었다.

프로포절 작성 주제와 대상자에 대하여 AI를 통해 심각한 현재의 상황 등을 살펴볼 수 있다. 단순히 출처 없이 제시한 내용은 객관적으로 설명하기에 다소 부족한 부분이 있어서 명확한 출처를 바탕으로 다섯 가지 이내로 지원 대상자가 겪고 있는 현재 어려움을 요구할 수 있다. 좀 더 심도있는 자료를 받으려면 제시된 내용을 바탕으로 순서대로 좀 더 구체적인 내용을 요청하면 좋다. NotebookLM인 경우에는 왼쪽 상단부에 웹이나 새 소스를 검색할 수 있어서 다양한 지원 대상자와 관련한 현재의 현황들을 찾아볼 수 있고, 찾은 여러 문헌 자료들을 바탕으로 현재 겪고 있는 다양한 문제와 어려움을 보고서 형태로 받아볼 수 있다.

기존 사례관리일지, 관찰일지 등을 통해 시설 청년 발달장애인이 자립 시 겪고 있는 주요 어려운 점을 알 수도 있지만 시설만의 한정적인 자료임에 따라 때론 AI를 통한 다양한 정보 수집이 필요하다. 신청기관의 문제이기도 하지만 전체적으로 시설 청년 장애인이 겪고 있는 심각한 문제와 어려움임이라고 설명할 수 있다. 이러한 내용들은 프로포절 내에 필요성 부분에 적절히 활용할 수도 있기 때문에 사전 서비스 핵심 대상자에 대한 현황 파악이 필수로 필요하며 출처를 명시한 것은 서비스 핵심 대상자의 문제와 어려움을 보다 객관적으로 설명할 수 있기도 하지만 더욱 강력하게 필요성 부분을 설명할 수 있어서이다.

(추가) 프롬프트

현재 발달장애인 자립 지원 프로그램의 한계점은 무엇이며, 이를 개선할 방법이 무엇인지 정확한 출처를 바탕으로 자세히 설명해줘!

Gemini를 통해 PDF 파일 문서를 정리하고 분석하는 것도 서비스 대상자를 분석하는 방법 중에 하나이다. 국회도서관이나 RISS 등을 통해 프로포절의 주제와 관련한 PDF 파일을 하이퍼클로바X에 업로드를 한 후 문서 내용을 요약 정리함으로써 서비스 대상자를 문헌 연구를 통해 분석할 수 있다. 먼저 ChatGPT를 통해 자료를 다음과 같이 요청한다.

AI 도구를 통해 완벽하지는 않지는 않지만 질문에 대한 심도 있는 대답을 받기 위해서는 지속적인 질문이 이어져야 한다. 현재 발달장애인 자립 지원 사업이 있는 것이 사실이다. 그러나 지원 현장에서는 수많은 한계들을 경험하게 된다. 현재 지원하고 있는 자립 지원 프로그램은 체계적이고 다양한 지원이 요구되어지지만 단순히 발달장애인에게만 국한되거나 일부 지역에서만 진행하는 경우가 많아 돌봄의 부담은 점차적으로 높아지고 있다. 정부에서 지원하는 것과 함께 지역사회 내에서 다양한 협력기관들과 함께 통합적인 측면으로 변화되어지지만 그렇지 못한 현재의 실정이 도리어 더 큰 문제를 발생시키고 있다.

1. 정책적 관심 부족과 지원 체계 미비

○ 한계점: 발달장애인 가족 지원 정책은 상대적으로 정책적 관심의 대상에서 소외되어 있으며, 돌봄 부담이 심각한 상황임에도 불구하고 체계적인 지원이 부족하다.
○ 개선 방법: 가족 지원 프로그램 확대, 생애주기별 맞춤형 서비스

2. 형식적 프로그램 운영과 현장 적용 한계

○ 한계점: 일부 프로그램은 이론 중심 교육으로 구성되어 실제 자립 생활에 필요한 기술(금전 관리, 일상생활 자조) 훈련이 부족하다.
○ 개선 방법: 현장 실습 강화, 개별 장애인의 수준에 맞춘 맞춤형 교육

이와 같이 문헌 자료를 통해 발견된 여러 문제들을 가지고 기획하고자 하는 프로포절 내에 깊이 담아져야 한다. 상상으로서만 만들어진 단순한 계획서가 아니라 현재의 상황과 환경들이 고스란히 담겨져야 하고 발견한 여러 문제를 어떻게 하면 해결해야 하는지에 대한 구체적인 방안 논의까지 자연스럽게 연결되어야 한다. 단순히 문헌 자료를 찾는 것이 아니라 현재의 그 상황과 그 어려움을 겪고 있는 지원 대상자에게 현실적인 지원이 가능한 현재의 대안들을 함께 찾는 것이다. 누구나 동일한 대상이 가장 어렵다고 생각할 수 있다. 기획자라면 동일한 대상자이라고 하여도 그 중에서 가장 어려운 대상이 누구인지 고민이 함께 필요하다. 누구나 생각하는 것이라면 프로포절 선정은 더 어려울 수 있다. 또 다른 생각과 관점을 가지고 지금 내가 만나는 대상자가 어떠한 어려움을 가지고 있고 그 문제를 해결 수 있는 근본적인 이유가 무엇인지 여러 문헌자료 등을 통해 발견해야 하는 노력이 프로포절을 작성하는 기획자로서 정말 필요한 모습이다.

프롬프트

시설 거주 장애 청소년·청년의 자립과 관련된 문헌 연구를 추천하고 PDF 파일을 찾아줘!

○ 추천 논문: 시설 거주 장애청소년의 자립욕구와 자립생활 경험
○ 저자: 서동명, 김미옥, 이지수
○ 발행지: 『장애인복지연구』, 한국장애인개발원
○ 발행 연도: 2025년
○ DOI: 10.36064/koddi.2025.16.1.007
○ 초록: 이 연구는 장애인 거주시설에서 생활하는 장애청소년의 자립욕구와 자립생활 경험을 당사자의 관점에서 살펴본 것이다. 이를 통해 시설 거주 장애청소년의 지역사회 자립 준비를 위한 실천적·정책적 제언을 하는 것을 목적으로 하고 있다. 면담조사를 실시한 결과, 장애청소년들의 자립 욕구가 매우 높은 것으로 조사되었으나, 자립생활을 위한 준비는 매우 부족한 것으로 나타났다. 이러한 연구 결과를 바탕으로 시설거주 장애 청소년의 지역사회 자립준비를 위해 필요한 정책적·실천적 개입 방안을 제안했다.

보통 많은 문헌 자료를 찾을 때는 구글 학술 검색(Scholar), RISS, DBpia, KISS 등의 검색 플랫폼을 통해 찾는다. RIRR 등에서 다운로드한 PDF 파일을 직접 업로드하여 내용을 분석하는 심층 분석 도구가 있다. 싸이스페이스(SciSpace)는 PDF를 업로드하면 핵심 요약, 서론, 방법론, 결론을 자동으로 추출해 주며 특히 문헌 자료 중 복잡한 표나 수식을 드래그하면 AI가 쉽게 설명해주는 기능을 가지고 있다. ChatPDF인 경우에는 PDF 파일과 대화하는 방식인데 "이 연구 자료에서 제시하는 청소년·청년 자립의 실패 요인이 뭐야?" 라고 질문하면 해당 본문을 찾아 답변을 해준다.

두 번째로 다운로드를 한 "시설 거주 장애 청소년의 자립욕구와 자립생활 경험" PDF 파일을 제미나이, 클로바 X 등에 업로드하고 다음과 같이 문서 내용을 분석하고 요약해달라고 요청한다. 많은 내용들을 매우 간략하게 요약할 수 있으며 특별히 요약된 내용 중 프로포절과 연관된 주제와 내용 중심으로 추출하여 사업 계획서 중 필요성 부분 등이 적절하게 활용이 가능하다.

프롬프트

"시설 거주 장애청소년의 자립욕구와 자립생활 경험" PDF 파일을 분석하여 시설 청소년 및 청년에 대한 자립 생활 현 상황을 요약해서 설명해줘!

○ 자립욕구와 자립생활 경험
  - 시설 거주 장애청년들은 자립에 대한 강한 욕구를 가지고 있으며, 개인 공간에 대한 욕구도 높다. 그러나 현재 거주시설에 대한 만족도도 동시에 느끼고 있다.
  - 이들은 자립생활을 희망하지만, 실제로 자립을 준비하고 실행하는 과정에서 어려움을 겪고 있다.
○ 법적, 제도적 지원
  - 「아동복지법」에서는 아동복지시설에서 생활하는 청소년에 대한 자립 지원을 규정하고 있고, 「장애인복지법 제2조」에서는 장애 청년을 대상으로 하는 장애인의 권리 보장과 삶의 질 향상을 위해 "자립생활 지원"을 국가와 지방자치단체의 책무로 명시하고 있다.
  - 장애인 거주시설과 아동복지시설 간의 자립 지원 서비스 관련 규정도 서로 다르며, 일관된 지원이 어렵다.
○ 정책적, 제도적 과제
  - 장애 청소년의 자립을 위한 체계적인 지원 방안 마련이 필요하다. 이는 탈시설화 계획 수립, 자립 지원표준화프로그램 개발, 자립 지원 전담기관 설립 등을 포함한다.

> - 영국의 사례를 참고하여, 장애 청소년이 독립적인 생활을 원할 경우
>   지원주택을 제공받거나, 필요에 따라 장애 아동·청소년을 위한 전문
>   아동 홈(Specialist Children´s Homes)에 남아 있을 수 있도록 하는 등 유
>   연한 자립 지원 정책이 필요하다.
> ○ 자립 욕구 조사 결과
> - 2020년 보건복지부가 실시한 장애인 거주시설 전수조사 결과, 15-17
>   세 청소년의 47.2%가 자립욕구가 있다고 응답한 반면, 성인은 33.1%
>   만이 자립욕구가 있다고 응답했다. 이는 청소년의 자립욕구가 성인보
>   다 높다는 것을 보여준다.
> ○ 자립 지원 프로그램의 한계
> - 현재 장애인 거주시설에서 자립 지원 프로그램을 운영하고 있지만, 자
>   립 지원 전담 인력이 부족하고, 자립 지원계획을 수립하는 시설도 한
>   정적이다.
> - 자립정착금, 주거지원, 장애인연금, 활동지원 등 금전적인 지원 외에도
>   개별화된 계획과 심리적인 지원, 생활기술 습득 지원 등이 필요하다.
> - 결론적으로, 시설 거주 장애 청년의 자립 생활 현 상황은 법적, 제도적
>   지원의 부족과 자립 지원 프로그램의 한계로 인해 어려움을 겪고 있
>   으며, 이를 극복하기 위한 체계적인 지원방안 마련이 시급하다.

더욱 도출한 여러 내용과 함께 연결되어서 세부 프로그램까지 기획한다. 주거 불안정과 재입소 위험이라는 문제를 제시하였다면 현재 자립 지원 주택의 한계와 어려움은 시설에서 퇴소하여 자립 활동을 해야 하는 구조이기 때문에 만약 시설에서 퇴소 후 지역사회 전환 자립 활동을 하다가 실패 등을 경험하였을 때 결국 장애인에게 피해를 경험하게 된다는 이야기를 전달하면서 이러한 구조적인 상황을 동일하게 겪지 않도록 시설에서 퇴소하지 않고 충분한 자립 훈련을 받고 나서 지역사회 전환 자립이 되는 구조로 변경하여 진행하겠다는 내용으로 작성을 한다.

　PART 2　AI로 완성하는 프로포절 작성 실전

현재 자립 지원주택이 운영되고 있어서 기획하고자 하는 자립홈 등의 운영이 별다른 차이점을 발견할 수 없다고 지원처에서 이야기할 수 있다. 왜 동일한 사업을 운영하는지와 직접 운영보다 현재 운영하고 있는 자립 지원주택 운영기관에 문의하여 진행하는 것이 더욱 효율적이지 않느냐고 되물어 볼 수도 있다. 현재 청년 발달장애인의 지원 사업이 무엇이 있으며 어떠한 문제와 어려움이 발생되고 있는지, 청년 발달장애인이 겪고 있는 실제적인 자립 지원 사업에 대한 사례를 중심으로 사업의 필요성을 설명하고 그에 맞는 적절한 대안을 모색해야 한다.

서비스 대상자 즉, 시설 청년 발달장애인이 현재 자립과 관련하여 어떠한 상황에 놓여 있고, 어떠한 서비스를 받고 있으며, 시설 청년 발달장애인이 어떠한 자립 욕구를 가지고 있는지에 대해서 다양한 측면을 가지고 분석함으로써 기획하고자 하는 분명한 사업의 방향성과 방법을 결정해야 한다. 단순히 현황만을 파악하는 것이 아니라 지금의 상황에서 시설 청년 발달장애인에게 필요한 것이 무엇인지 심도 있게 고민해야 한다.

AI를 통해 서비스 대상자에 대한 욕구 및 문제점 등을 도출했다면 명확한 출처를 통해 프로포절 내 사업의 필요성 부분에 명확하게 작성한다. 서비스 대상자가 여러 가지의 어려움이 있지만 미리 도출한 자료 중에서 가장 중요하게 여겨야 하는 두세 가지를 선정하고, 두세 가지 핵심 내용을 중심으로 필요성을 작성한다. 각각의 핵심 내용을 소제목으로 정하고 각각의 소제목에 맞게 5~6줄 이내로 필요성 내용을 작성하는 것이 사업의 필요성 부분을 작성하는 방법이다.

○ 현재 시설을 퇴소 후 자립, 그 이후 발달장애인의 자립 실패의 악순환에 대한 대책이 없다! "지역사회에 홀로 남겨진 발달장애인"
  - 현재 장애인거주시설은 탈시설화 정책으로 인하여 시설을 축소하고 시설 장애인들을 지역사회로 전환해야 한다. 단순히 시설 장애인들이 시설에서 나와 지역사회 내에서 자립을 하고자 하는 데 견고한 인프라나 지원체계 및 시스템이 구축되지 않아서 제법 많은 장애인들이 자립의 실패를 경험하는 경우가 많이 발생된다. 발달장애인인 경우 인지 정도의 어려움이 있어서 지역사회와의 협력과 소통이 불가능한 상황이 발생되거나, 도리어 지역사회 내에서 자립 생활을 하면서 안전사고가 자주 발생하는 등 만만치 않는 자립의 어려움을 경험하게 된다.

4

사업 필요성
설득 구조 만들기

AI 기반 사업의 필요성 작성 전략

AI를 활용해 프로포절의 필요성 부분을 작성할 때는 단순히 문제를 설명하는 것이 아니라 객관적인 근거로 문제를 제기하여 대상자의 어려움을 소개하며, 이러한 어려움을 해결해야 하는 필요성 부분 즉, 사업의 필요성을 설명하는 전략적인 작성이 매우 중요하다. 먼저 사업의 필요성을 설명하기 위해서 객관적 자료를 수집하며 AI를 활용해 문헌에서 반복되는 문제를 분석한다. 분석한 내용을 활용하여 프로포절에서는 자립생활 경험 부족 등 대상자의 실제 어려움을 강조하며 현재 자립 지원에 대한 부족한 부분을 설명하며 체계적인 자립 지원 사업이 필요하다고 작성해야 한다.

프로포절의 필요성 부분을 명확히 작성하는 것은 프로포절이 선정될 확률이 높아지는 것도 있지만 지금 우리의 상황이 이렇게 놓여 있고 왜 지원을 받아야 하는지에 대한 분명한 목적이 설명되기 때문에 필요성 부분을 더욱 강조해야 한다. 절실하고 정말 지원이 필요한 상황은 지원처 입장에서는 명확히 이해하거나 공감하기 어려울 수도 있다. 더욱 객관적인 자료 등을 근거로 사업의 필요성 부분을 작성해야 하며 구구절절한 이야기를 전하는 것보다 핵심적인 내용 즉, 꼭 말하고 싶은 부분 중심으로 두세 가지 소주제로 필요성 부분을 설명해야 한다.

지금 놓인 많은 상황들과 어려운 환경들을 수많은 글로 필요성 부분을 강조하게 되면 열심히 작성한 필요성조차 읽지 않는 상황까지 놓이게 되므로 본격적으로 필요성 부분을 작성하기보다 소제목 중심으로 몇 가지의 메시지를 지원처에 전할지 충분히 고민해야 한다. 지원처에서 제공했던 자료 중에서 공지문에 제시한 사업의 필요성 부분(제도적 공백과 자립 지원의 사각지대, 전환기 교육 부재로 인한 자립 준비 부족, 자립 지원 전담 인력 부재)을 중심으로 작성하는 것이 좋다. 어떻게 보면 지원처에서 고민하고 심각하게 살펴보고 있는 세 가지 부분에 대해 신청기관도 충분히 공감하고 사회복지 현장에서 느끼고 경험하고 있다는 취지로 필요성 부분을 작성한다. 필요성 부분은 2~3개 정도의 소제목을 먼저 작성을 하고 소제목과 관련된 근거 서류를 바탕으로 5줄~7줄 이내로 설명을 한다. 많은 문헌 연구 자료를 작성하는 경우가 있는데 문헌 연구 자료는 2~3줄 이내로 매우 간단히 작성하고 신청기관이 있는 현재의 지역사회 현황과 클라이언트의 현황 중심으로 작성하도록 한다. 그래서 ChatGPT와 Gemini를 통해 다음과 같이 질문을 한다.

프롬프트

너는 프로포절을 작성하는 전문 사회복지사야. 시설거주 장애 청소년·청년의 자립을 위한 통합지원 사업 프로포절을 작성하려고 하는데 먼저 필요성 부분을 작성하려고 해! 필요성 부분을 작성하기 위해 필요한 먼저 중요한 세 가지 소제목을 선별해줘. 무엇보다 필요성 부분에 제도적 공백과 자립 지원

　다양한 필요성 부분을 설명하는 것도 중요하겠지만 핵심적인 내용 중심으로 필요성 부분을 설명하는 것이 좋다. 앞서 찾은 여러 문헌 내용들과 현장의 다양한 이야기와 사례들을 취합하여 보통 세 가지의 핵심 소제목을 정하게 되는데 이론적인 배경, 주제와 연관된 현장의 이야기 내용이 포함되어 소제목을 작성하면 된다. 특별히 지원처에서 제공한 안내문 등에 지원 사업의 목적, 지원 사업의 필요성 부분을 언급한 내용이 기획자의 또 다른 언어로 작성해야 한다. 보통 지원처에서는 지원 사업의 필요성과 목적을 언급하게 되는데 신청기관은 지원처에서 제시한 내용을 공감하고 실제 지역사회에서 나타나고 있어서 절실히 지원이 필요하다는 내용이 강력하게 표현되어야 한다.

1. 시설 거주 장애 청소년·청년의 열악한 자립 현실과 구조적 문제
　○ 제도적 공백과 자립 지원의 사각지대
　　- 시설 유형별 차별(예: 노숙인복지시설, 정신건강복지시설 거주 장애인은 「장애인복지법」 지원 대상에서 제외)
　　- 퇴소 후 주거·고용 지원 미비로 인한 재입소율 40% 문제 ([출처: 보건복지부, 2025.09.16]).
　○ 자립 지원 전담 인력 부재
　　- 시설 내 전문 코디네이터 미배치로 맞춤형 지원 불가
　　- 종사자의 자립 지원 역량 부족으로 프로그램 효과성 저하

2. 기존 자립 지원 프로그램의 한계와 비효율성
   ○ 전환기 교육 부재로 인한 자립 준비 부족
       - 시설 내 이론 중심 교육으로 일상생활 기술(금융 관리, 가사 등) 훈
         련 미흡
       - 진로 탐색 및 사회적 관계 형성 기회 제한 ([출처: 사회적협동조합
         담쟁이, 2025.09.12.])
   ○ 단기적·형식적 지원의 한계
       - 일회성 직업 훈련 프로그램으로 취업률 저하
       - 지역사회 기업과의 연계 부족으로 경제적 자립 불가능

3. 통합적 자립 지원 모델의 필요성과 혁신적 접근법
   ○ 전담 인력 배치와 맞춤형 지원 체계 구축
       - 자립 지원 전문 코디네이터 채용으로 개별 장애인별 계획 수립
       - AI 기반 데이터 분석을 활용한 실시간 모니터링 시스템 도입
   ○ 전환기 교육 강화와 지역사회 연계 확대
       - 일상생활 기술 훈련 + 지역사회 체험 프로그램 결합
       - 지역 기업, 대학과의 협력으로 직업 연계 및 사회적 관계 형성 지원

프로포절의 핵심 참여자 클라이언트에 대해 자세히 설명되어야 하며, 지역사회 및 클라이언트의 이야기가 현장감 있게 표현되어야 한다. 글의 표현에 따라서 절실함의 차이가 발생되는데 현재 상황의 심각성을 객관적 데이터로 강조하기("매년 수십만 명의 장애 청소년이 시설 문을 나서지만, 절반 이상이 다시 시설로 돌아오는 악순환 속에서 그들의 자립 꿈은 무너지고 있습니다."), 기존 정책의 한계를 날카롭게 지적하기("수년간의 훈련에도 불구하고 지역사회에서 홀로 설 수 없는 이들의 좌절감은 우리 사회가 외면해온 부끄러운 현실이다.")으로 표현한다. 새로운 접근법의 필요성을 혁신적 아이디어로 제시하기("이제 시설 문을 나서는 순간이 끝이 아닌, 새로운 시작이 되도록—기술과 협력으로 그들의 자립을 함께 지켜나가야

합니다."), 이해 관계자를 설득하는 논리적 구조 만들기(통합적 지원 모델 도입으로 지속가능한 자립 실현 가능성 강조), 시각적 요소와 구체적 예시로 공감 이끌기("시설 퇴소 후 혼자 살아보니 너무 힘들었어요. 미리 연습할 수 있었다면…" – 28세 발달장애인 A씨), 절실함을 더하는 언어적 전략("발달장애인의 자립은 단순한 선택이 아닌 생존의 문제이다.")처럼 필요성 부분을 다양한 자료와 데이터로 현실을 증명하고 감정으로 공감을 일으키며 혁신으로 해결책을 제시한다.

기존 유사 사업과의 차별성

사업의 필요성 부분에는 기존 유사 사업과의 차별성을 함께 작성해야 한다. ChatGPT, Gemini, CLOVA X를 통해 사업의 차별성을 찾기 위해서는 모든 사업 계획 수립 완료 후 차별성을 찾는 것이 먼저인 것으로 보인다. 모든 사업 계획 수립이 되지 않았을 경우에는 프롬프트에 미리 초안으로 작성한 내용을 명확하게 작성함으로써 차별성을 찾는 것도 방법 중에 하나이다. 차별성을 작성하기에 앞서서 기존 관련 주제와 관련된 프로그램들에 대한 정보 수집이 필요하고, 사전 진행된 유사한 프로그램을 살펴보면서 다른 차별성을 찾는 노력이 필요하다. 다음과 같은 사업의 차별성을 ChatGPT, Gemini, CLOVA X 등을 통해 찾는다.

프롬포트

너는 프로포절을 작성하는 전문 사회복지사야. 시설 거주 장애 청소년·청년의 자립을 위한 통합지원 사업 프로포절을 작성하려고 하는데 먼저 시설 장애인 청소년·청년을 자립을 위한 통합지원 사업과 관련한 유사 사업이 무엇이 있어?

ChatGPT	CLOVA X
○ 보건복지부 「장애청소년 자립 지원 시범사업」 - 2017년부터 일부 지역에서 시작 - 시설 거주 장애 청소년을 대상으로 '일상생활 훈련' - 자립체험 홈, 직업 훈련, 지역사회 연계' 등을 지원 - 이후 발달장애인 자립생활주택 사업으로 확대됨 ○ 발달장애인 자립생활주택 사업(보건복지부, 지자체) - 그룹홈, 자립생활주택 등을 통해 시설에서 지역사회로 이행하는 과정을 지원 - 주거·생활훈련, 지역사회 적응, 동료지원 연계 등이 포함 ○ 청소년자립 지원관 사업(여성가족부) -보호 종료 아동·청소년을 대상으로 하지만, 장애 청소년도 일부 포함 -자립기술 훈련, 직업탐색, 주거 및 생활 지원 ○ 장애인 직업재활시설 연계 자립훈련 프로그램 - 한국장애인개발원, 지방자치단체 등에서 운영 - 직업 훈련과 더불어 기본 생활기술, 사회성 훈련을 제공	○ 탈시설 장애인 지역사회 자립 지원 시범사업: 장애인의 안정적인 지역사회 자립을 지원하기 위해 일대일 면담, 조사 등을 통해 사전에 자립 수요를 파악하고 지역사회 내 주거, 일자리, 의료, 사회참여 활동 등을 연계하는 사업이다. 2022년부터 2024년까지 3년간 대상자를 발굴하고 서비스를 지원하며, 대상자 모니터링과 정책 연구를 통해 체계적인 서비스 지원 모형을 마련하는 것을 목표로 한다. ○ 의료집중형 장애인거주시설 시범사업: 중증장애인에게 24시간 의료서비스를 제공하여 건강관리의 연속성을 보장하고, 기존 시설 중심의 한계점을 보완하기 위해 기획된 정부 주도 사업이다. 대전시가 전국 최초로 선정되어 중증장애인거주시설 '로뎀'이 수행기관으로 선정되었다. ○ 장애인 지역사회 자립 지원 교육: 인천 미추홀구에서 관내 장애인 거주시설 종사자를 대상으로 진행한 교육으로, 장애인이 지역사회에서 자립적으로 살아갈 수 있도록 돕는 현장 인력의 역량 강화를 목적으로 합니다. 장애인 자립 지원 인식 개선, 자립생활 지원 정책 및 동향, 거주시설에서의 자립 준비, 자립 장애인 당사자의 실제 사례 공유 등을 주제로 진행되었다. ○ 발달장애인 자립 지원 사업: 굿피플이 사단법인 피치마켓과 협력하여 개발한 교재로, 발달장애 직장인의 행복한 직장 생활을 돕고, 더 나아가 발달장애인의 홀로서기를 돕는 사업이다.

기획하고자 하는 사업은 유사한 형태로 진행되고 있음에 따라 지원처 입장에서 볼 때는 특별한 점을 발견하지 못하고 왜 이 사업을 진행하려고 하는지 의문을 들 때가 있다. 다른 곳도 본 사업을 잘 수행하고 있고 그곳과 연계하여 진행하면 되는데 굳이 본 사업을 진행하는 이유를 물을 때가 있어서 기존 유사 사업과의 차별성을 찾고 언급해야 한다. 무엇인가 다른 점을 이야기한다는 차원보다는 현재의 사회 복지적 상황을 이해한다는 점과 진행되는 유사 사업이 진행되는 가운데 나타나는 어려운 점들 중에 발달장애인들이 참여하는 체험홈인 경우, 발달장애인에게 맞춤형 교육이 제대로 이뤄지지 않아 결국 자립 실패를 경험하는 요인을 발견해 기획하고자, 사

업은 그러한 실패 요인을 보완하는 것이 곧 본 사업의 차별성 부분을 강조하는 것이다.

　기존 장애인 체험홈 형태는 시설을 퇴소하여 단기 체험활동을 하였을 때 여러 가지 어려움과 실패를 경험하였어도 다시 장애인거주시설로 돌아오지 못함에 따라 결국 장애인들이 오로지 피해를 겪기 때문에 충분히 훈련이 가능하였을 때 자립을 할 수 있는 자립 지원 모델 형태로 단기체험활동 "따봉하우스"를 운영할 계획이 본 사업의 차별성이라는 점을 강조하는 것이다.

　본 사업의 두 번째 차별성 부분은 장애인 지역사회 전환 자립 지원 모델을 근거로 수립된 프로그램이라는 점이다. 신청하고자 하는 사업에 대해 꾸준히 준비했다는 점을 강조하면서 지역사회에 맞게 사전 구축했던 장애인 지역사회 전환 자립 지원 모델을 근거로 기획하는 사업이라는 점을 본 사업의 차별적인 부분이라고 설명한다. 본 사업이 기획되기 전 장애인 지역사회 전환 자립 지원 모델을 구축하기 위한 연구사업 등이 꾸준히 진행되어 시설 거주 장애 청년의 자립을 위한 통합지원 사업을 원활하게 진행하기 위한 충분한 자격과 경험을 갖추고 있다. 장애인 자립 욕구와 지역적인 상황 등을 근거로 우리 지역에 맞는 자립 지원모델로 근거로 본 사업이 구축되었다는 점은 장애인들에게 실제 필요한 자립 지원 사업임을 자신한다고 당당히 작성한다.

　본 사업의 세 번째 차별성 부분은 자립이라는 의미처럼 지역사회와 연합하고 소통하는 사업의 차별적인 요소를 강조하는 것이다. 기존 체험홈 중심의 프로그램 운영이거나 집합 교육 형태의 프로그램으로 운영하는 것이 많았으나 시설 거주 장애 청년의 자립을 위한 통합지원 사업은 지역사회와의 연합과 소통이 절대적으로 필요한 만큼 지역사회와 연합하고 소통하는 형태로 프로그램을 구성한다는 점을 본 사업의 차별적인 부분으로 설명한다.

시설 밖 지역사회 내에서 다양한 협력 기관들과 연합하여 본 사업을 운영하는 특성이 있으며, 지역사회의 인프라를 활용한 체계적이면서 통합적인 자립 지원이 가능한 사업이라고 작성한다. 기획하는 사업의 차별적인 부분을 찾으려면 기존 진행하는 유사 사업을 파악하고 유사 사업과 비교하면서 차별적인 요소들을 찾는 것도 중요하지만 우리 지역만의 차별적인 요소들도 함께 찾는 것도 참 필요하다. ○○시의 20개 장애인복지시설과 연합하여 단순히 지체 장애인 중심이 아닌 다양한 장애인 유형을 대상으로 본 사업을 기획한다는 점, 다양한 장애인복지시설과 연합하여 시설 장애인(시설 장애인/재가 장애인)이 통합적으로 참여한다는 점도 본 사업의 차별적인 요소이다.

(추가) 프롬프트

너는 프로포절을 작성하는 전문 사회복지사야. 시설거주 장애 청소년·청년의 자립을 위한 통합지원 사업 프로포절을 작성하려고 해. 먼저 시설 장애인 청소년·청년을 자립을 위한 통합지원 사업과 관련한 유사 사업이 위에 제시해주었는데 현재 기획하고자 하는 시설거주 장애 청소년·청년의 자립을 위한 통합지원 사업과의 차별점은 무엇인지 구체적으로 설명해줘!

ChatGPT	CLOVA X
○ 통합적 지원 체계 - 단일 영역(주거·직업)에 국한하지 않고 주거 + 직업 + 생활기술 + 정서지원 + 지역사회 연계를 통합적으로 제공 ○ 가족 및 지원체계 강화 - 단순 보호자 동의 차원이 아니라, 가족교육·가족상담·돌봄자 네트워크를 구축 - 자립 후에도 가족이 파트너로 참여할 수 있도록 함. ○ 지역사회 기반 자원 연계 - 지역 내 대학, 기업, 주민조직, 자원봉사단체와 협력을 통한 사회적 관계망 강화 ○ 디지털·AI 활용 - AI 기반 역량진단, 자립준비도 평가, 개인 맞춤형 프로그램 설계 등 스마트 자립 지원 모델 적용	○ 대상자 맞춤형 자립계획 수립: 기존의 유사 사업들이 일률적인 자립 지원 계획을 제공하는 것과 달리, 대상자의 개별적인 욕구와 특성을 반영한 맞춤형 자립계획을 수립한다. 이를 위해 초기 면담 시 심층적인 조사를 실시하고, 주기적으로 자립계획을 점검하고 수정한다. ○ 통합적인 지원체계 구축: 자립 지원 전담 인력을 배치하여 대상자의 자립 과정을 지속적으로 관리하고, 필요시 즉각적인 지원을 제공한다. 또한 지역사회 자원과 연계하여 주거, 일자리, 의료, 사회참여 활동 등을 통합적으로 지원한다. ○ 자립 지원 표준화 프로그램 개발: 기존의 자립 지원 프로그램들이 단편적인 내용을 다루는 것과 달리, 자립생활에 필요한 전반적인 기술과 지식을 습득할 수 있는 표준화 프로그램을 개발한다. 이 프로그램은 자립 지원 전담 인력에 의해 체계적으로 운영된다.

필요성 작성 내용 중 세 번째로 작성하는 부분은 신청기관의 강점 부분이다. 신청기관으로서 강점은 각각 다를 수 있지만 보통 신청기관의 강점을 작성하게 되면 신청기관이 기존 신청하려고 하는 사업에 대한 준비성, 몇 년간을 걸쳐 수행한 결과에 대한 분명한 성과 제시, 신청기관과 협력할 기관들이 많아 통합적인 지원이 가능하다는 점, 신청기관으로서의 역량 등을 작성하게 되는데 이 부분에서도 ChatGPT, Gemini, CLOVA X 등을 통해 신청기관의 강점을 찾는다.

ChatGPT, Gemini, CLOVA X 등의 AI 도구를 활용하면 신청기관의 강점을 더 체계적으로 찾고 설득력 있게 작성할 수 있다. 먼저 신청기관의 강점을 찾기 위해서는 기관 안내서, 사업 운영 실적, 지역사회 협력 네트워크, 기관 보도자료, 인력 현황 등의 기초 자료를 취합한다. 취합된 자료들을 ChatGPT, Gemini, CLOVA X 등에 업로드하거나 입력하여 신청기관의 강점이 무엇인지 요청한다. 단순한 강점이 아니라 해당 사업과 연결된 강점을 찾아 강조하는 것이 매우 중요하다. 예를 들어서 시설 거주 청년 장애인을 대상으로 자립 지원 서비스를 제공한 경험, 자립 지원 프로그램 운영 경험, 지역사회 연계 네트워크 활성화 부분 등 사업 수행 가능성을 강조하는 것이다. 그런데 신청기관의 강점을 설명할 때는 객관적인 근거를 제시하는 것이 매우 중요하며, 다른 기관과 다른 특별한 강점이 무엇인지 고민하며 최종 신청기관의 강점을 작성하는 것이 좋다.

프롬프트

너는 프로포절을 작성하는 전문 사회복지사야. 시설 거주 장애 청소년·청년의 자립을 위한 통합지원 사업 프로포절을 작성하려고 하는데 시설 장애인 청소년·청년을 자립을 위한 통합지원 사업을 수행할 장애인거주시설로서의 강점이 무엇이 있어?

○ 대상자 접근성 및 신뢰성
  - 현재 시설에 거주하는 청소년·청년 장애인을 직접 대상으로 할 수 있어 참여자 모집과 지속적 참여 유도에 강점
  - 시설 생활 과정에서 이미 형성된 신뢰 관계가 있어 프로그램 참여 동기 부여가 용이함
○ 생활 전반에 걸친 밀착 지원 가능
  - 단순한 교육·훈련 공간이 아닌 주거·생활·의료·상담·돌봄 등 종합 서비스를 제공하는 공간
  - 24시간 밀착 지원이 가능해 자립 전후 과정 모두 체계적으로 관리할 수 있음
○ 전문 인력과 경험 보유
  - 사회복지사, 생활재활교사, 간호사, 영양사 등 다채로운 인력이 상주
  - 이미 축적된 돌봄 및 생활지원 경험을 바탕으로 자립생활 기술 지도 및 맞춤형 지원이 가능
  - 일부 시설은 직업재활, 지역사회 연계 경험을 가지고 있어 프로그램 운영 역량 보유

○ 개별화 서비스 제공 기반
 - 거주인의 생활기록, 발달 수준, 욕구사정 자료를 이미 보유하고 있어
   개인별 맞춤형 자립 지원계획(ISP) 수립이 용이
 - 이는 외부 기관보다 빠르게 개별화 프로그램을 실행할 수 있는 강점임
○ 지역사회와의 연계 경험
 - 지자체, 복지관, 의료기관, 기업, 자원봉사단체 등과의 네트워크 경험
   을 다수 보유
 - 이를 활용해 자립 후 주거·취업·사회참여로 연결할 수 있음
 - 특히, 시설이 지역 내 복지 인프라 허브 역할을 수행 가능

신청기관으로서 충분한 경험과 역량을 가지고 있고, 좀 더 효율적으로 운영할 수 있는 인프라 구축이 가능하다는 점 등의 내용을 작성함으로써 보다 우수한 사업을 운영할 수 있다는 자신감을 표현하는 것이다. 실제 프로포절 작성시 기존 발달장애인의 지역사회 전환 통합 자립 지원 사업을 수행한 경험이 풍부하다는 사실을 말하며 사업수행시 나타난 성과를 정리하여 이야기하였다.

○○시 발달장애인 지역사회 전환 자립 통합지원 수행 경험을 통한 자립 통합지원 사업수행에 대한 자신감을 이야기하면서 천시에 맞는 자립 지원 모델 구축, 자립 지원 모델을 근거로 통합지원 사업 추진 등의 대규모의 사업을 추진하고 성과 높은 사업을 수행한 경험이 곧 신청기관의 강점임을 강조한다. 시설 장애인 청년을 자립을 위한 통합지원 사업이라는 주제인 만큼 시설 안에서 프로그램을 진행하는 협소한 측면보다는 지역사회 내에서 지역 주민들과 함께 발달장애인의 지역사회 전환 자립 통합지원 사업을 추진하여 다양한 장애인 수, 참여시설 수, 지역사회 내외의 협력 기관 및 단체들이 참여했다는 성과를 설명하면서 신청기관만의 강점을 설명한다.

5

목적·목표
설정 기준

사업 목적 및 목표 설정 단계에서 AI를 활용하는 이유는 먼저 대규모 데이터 처리와 패턴 분석이 가능하며 시설 거주 장애인 청소년 및 청년 생활 기록, 상담 내용, 설문 조사 결과, 지역사회 자원 현황 등을 신속하게 분석하며, 이를 통해 사업 목적을 설정할 때 실제 대상자의 욕구와 문제를 근거 기반으로 파악할 수 있어 목적과 목표가 현실적이고 실현 가능하게 된다. 다양한 자료를 분석하여 사업 목표를 설정할 때 우선적으로 해결해야 할 핵심 문제를 명확히 할 수 있으며 사업 목표가 전략적이면서 효과적으로 수립될 수 있고 대상자별 특성과 욕구 분석을 통해 개별 맞춤형 목표 수립도 가능하여 사업 목적 및 목표를 설정할 때 AI를 유용하게 활용할 수 있다.

프롬프트

> ChatGPT와 Gemini를 통해 사회복지 프로포절 목적 및 목표를 작성할 수 있어? 그러면 ChatGPT와 CLOVA X 도구를 활용하여 시설 장애인 청소년·청년을 자립을 위한 통합지원 사업과 관련하면서 사업의 필요성과 연관하여 목적 및 목표를 작성해줘!

ChatGPT	CLOVA X
○ 목적 - "시설 거주 장애 청소년·청년이 지역사회에서 경제적·사회적·정서적으로 자립할 수 있도록 주거, 직업, 정서적 지원을 통합한 체계를 구축하여 지속 가능한 삶의 질 향상을 도모한다."	○ 목적 "시설 거주 장애 청소년·청년의 자립 역량 강화와 지역사회 통합을 위해 주거·직업·정서적 지원을 통합한 지속가능한 모델을 구축하고, 제도적 공백과 전담 인력 부족 문제를 해결한다."
○ 목표 - 1년 내 시설 거주 장애 청소년 50명에게 맞춤형 자립 계획 수립 지원 - 지역사회 기업 10곳과 협력해 직업 훈련 기회 제공 - 프로그램 참여자 중 70%가 지역사회 내 주거지 확보 - 취업률 50% 달성을 통한 경제적 자립 기반 마련 시설 퇴소 후 1년 이상 지역사회 정착률 60% 달성 - 자립 지원 전담 인력 2명을 배치해 개별 관리 체계 구축	○ 목표 - 전담 코디네이터 2명 채용 및 역량 강화 교육 실시 - 장애 청소년 50명 대상 자립 욕구 조사 실시 - 주거 지원 프로그램 참여자 70%가 지역사회 내 독립 - 직업 훈련 이수자 중 50% 취업 연계 - 자립 성공률 60% 달성 - 자립 성공률 60% 달성

AI 기반 프로포절의 목적과 목표 작성 전략

AI 도구(예: ChatGPT, Gemini, CLOVA X)를 활용해 사회복지 프로포절의 목적과 목표를 설정할 때, 프로그램의 현실성, 윤리성, 법적 타당성을 확보하기 위해서 다음과 같이 몇 가지 핵심 주의사항을 반드시 고려해야 한다. 가장 먼저 AI 생성 내용의 정확성을 필수로 검증해야 한다. AI는 훈련 데이터에 기반해 답변을 생성하므로, 잘못된 정보나 편향된 결과를 제공하기 때문에 정책 보고서, 학술 논문, 현장 전문가 의견 등으로 검증해야 한다. "서울시 65세 이상 독거노인 30%가 사회적 고립 상태에 있으며, AI 음성 분석을 통해 위기 신호를 감지해 신속 대응이 가능하다." 부분과 관련하여 서울시, 보건복지부 공식 통계 및 최근 연구 보고서를 찾아 확인하고 대조해야 한다.

AI는 추상적 표현을 선호하는 경향이 있어, SMART(구체적 · 측정 가능 · 달성 가능 · 관련성 · 기한 명시) 원칙을 벗어나게 작성될 수 있다. 그래서 수치, 기간, 대상 등 구체적 기준을 명시하고, 현장의 다양한 정보들과 비교해야 한다. "발달장애인의 경제적 자립을 지원하기 위해 직업 훈련 프로그램을 운영한다."는 추상적인 목표를 SMART 원칙을 적용하여 "6개월 동안 지적장애인 30명을 대상으로 바리스타 훈련 프로그램을 운영하여, 훈련 수료자 중 40% 취업 및 월평균 소득 50만 원 이상을 달성한다."로 변경해야 한다. 대상자의 윤리적 문제와 개인정보 보호 부분이다. AI가 생성한 프로그램이 대상자의 권리나 사회적 형평성을 침해할 수 있기 때문에 관련 법령 등을 준수하고 포괄적 지원 기준을 설정한다. "연 소득 200% 이하 시설 거주 장애인이 아닌 모든 시설 거주 장애인으로 변경하여 형평성을 확보한다."라고 작성한다.

마지막으로는 AI의 한계와 인간의 판단 결합 부분이다. AI는 맥락 이해 부족으로 인해 사회복지 현장의 복잡성을 반영하지 못할 수 있으므로 AI 아이디어에 현장 전문가의 경험을 결합해 실행 가능성을 높이도록 한다. "아동 학대 예방을 위해 지역사회에 교육 프로그램을 운영한다."라고 목표를 수립하였을 때 AI는 교육 프로그램처럼 단순히 이론 강의를 제시하지만 사회복지 현장 전문가들은 역할극, 감정 코칭 워크숍 등과 같이 실질적인 부모와 자녀 관계를 개선하는 활동이 필요하다. AI가 제안한 목표가 최신 정책 등과 일치하는지 확인하며 시설 거주 청년 장애인의 개인별 특성을 반영해 AI가 제안한 목표를 조정토록 하며, 단기적인 성과만이 아니라 장기적 자립 기반을 목표로 설정한다.

목적 및 목표 실제 작성 사례

Step 2

본문 항목

단계별

완성

1

1년 차
프로그램 구성안 설계

대상자의 욕구와 문제를 해결하기 위하여 세부 프로그램을 기획한다. 앞서 확인한 대상자의 다양한 욕구에 맞는 세부 프로그램을 구성해야 하는 것과 지원처에서 요구한 세부 프로그램 등을 충분히 고려하여 1년 차에 맞는 프로그램을 구성한다. 기획사업 "시설 거주 장애인 청소년 · 청년의 자립을 위한 통합지원 사업"은 총 3년을 지원하는 사업으로서 1년 차 사업계획과 함께 2차~3차 연도 사업계획까지 세부 프로그램을 구성해야 하나 총 3년 즉, 연도별 세부 프로그램을 구성하는 것은 매우 어려운 작업일 뿐만 아니라 신청 기간 내에 3년 세부 프로그램을 좀 더 다르게 구성하는 것은 매우 어려운 일임으로 먼저 전체 3년 계획서의 기준이 될 수 있는 1년 차 사업부터 구성하는 것이 좋다.

1년 차 세부 프로그램을 구성한 후 연도별 진행 방향 및 테마에 의거하여 연도별 신규 프로그램 1개 이상 개발과 함께, 1년 차에 수립된 세부 프로그램을 3년까지 유지하는 등 전체적인 그림을 그리는 것 같이 제출하는 프로포절의 전체적인 그림을 구성해야 한다. 더욱 연도별로 새로운 것을 구성하는 것도 중요하지만 기존 진행하는 프로그램을 먼저 파악하고 꾸준히 진행되었던 프로그램일지라도 좀 더 다른 관점과 시선으로 다르게 적용시킬 수 있는 프로그램을 기획할 수 있도록 지속적인 고민과 연구가 필요하다. 사실 많은 신청기관 담당자들은 기존 진행된 수많은 프로그램을 바탕으로 고민하게 되고 보통 수준 정도로 프로그램을 구성하려고 하는 경향들이 보인다. 프로포절이 선정되어 진행하기를 진심으로 원한다면 남들과 다른 무언가의 전략을 수립하고자 노력하는 기획자가 되어야 한다.

프롬프트

시설 거주 장애 청소년·청년의 자립을 단순 퇴소가 아닌 '자립'의 관점으로 전환하고, 제도적 형평성 확보 및 사회적 배제 예방하고, 자립 준비 단계부터 사후 정착까지 전 주기 맞춤형 지원을 통해 실질적 자립 역량을 강화하며 지역사회 기반의 자립 지원 생태계 조성으로 지속가능한 사회 참여와 독립적 삶 실현하기 위한 세부 프로그램을 구성해줘!

위와 같이 단순히 세부 프로그램을 구성하게 되면 종합적이고 통합적인 사업의 구상을 할 수 없게 된다. 그래서 초반 전체 사업 초안을 바탕으로 세 가지 구조(자립역량강화프로그램, 지역사회 연합프로그램, 중장기발전위원회 등의 통합지원 프로그램)에 따른 세부 프로그램을 구성을 ChatGPT, Gemini, CLOVA X 에 질문을 입력한다.

프롬프트

시설 거주 장애 청소년·청년의 자립을 단순 퇴소가 아닌 '자립'의 관점으로 전환하고, 제도적 형평성 확보 및 사회적 배제 예방하고, 자립 준비 단계부

구분	사업명	세부 내용
첫 번째 구조	자립역량강화 프로그램	○ 자립기초 아카데미, 생활기술훈련 프로그램 ○ 사회성 및 정서 지원 프로그램 ○ 직업 및 진로 탐색 프로그램 ○ 가족자립동행 교육, AI기반 자립역량 진단
두 번째 구조	지역사회 연합 프로그램	○ 자립체험홈 운영 ○ 지역 멘토링, 동료 지원단 ○ 사회참여 프로그램 ○ 장애인 연합프로그램(커피 등)
세 번째 구조	장애인 친화마을 만들기	○ 중장기발전위원회 ○ 자립성과 연구사업 ○ 자립 지원 매뉴얼 개발 ○ 정책포험 및 결과 공유회

구분	세부 프로그램	주요 내용
자립 인식 교육	'나의 미래 그리기', '자립은 퇴소가 아니다' 워크숍	자립의 의미·권리·사회참여의 가치 교육
자립 역량진단	AI 기반 자립역량 진단도구 (예: ChatGPT·CLOVA X 활용)	개인별 생활·직업·사회성 수준 분석
자립 기술 기본 훈련	생활기술(요리, 청소, 금전관리, 이동훈련 등)	시설 내 자립훈련실 및 지역사회 체험 병행
관계 정서 지원	또래 멘토링, 감정코칭, 심리상담	자립 불안 완화 및 자존감 향상
가족 참여 교육	'가족이 함께 만드는 자립' 프로그램	보호자의 자립 이해도 제고 및 협력체계 구축

전체적인 그림을 그리는 차원에서 세 가지 구조로 1차 연도 프로그램을

구성하고 ChatGPT, Gemini, CLOVA X 등의 AI 도구를 활용토록 하며 활동 시기, 수행 횟수, 참여 인원, 장소, 수행인력, 수행내용 등의 내용으로 세부 프로그램을 구성한다.

프롬프트

○ 프로그램명: 자립 지원 일상생활프로그램
○ 목표: 시설거주 장애 청소년·청년이 지역사회에서 독립적으로 생활할 수 있도록 일상생활 수행능력과 자기관리 역량을 향상시킨다.
○ 대상: 시설 거주 장애 청소년·청년 10명
○ 활동시기: 2026년 3월 ~ 11월(9개월)
○ 수행횟수: 주 1회, 총 24회기
○ 장소: 생활훈련실, 지역마트, 세탁실, 자립체험홈 등
○ 수행인력: 담당 사회복지사 2명, 외부 강사(요리·금전관리 등) 3명
○ 세부 운영 내용

구분	회기	주제	세부 교육 내용	장소	수행인력
기본 생활 습관 형성	1	오리엔테이션	프로그램 소개, 자립의 의미 이해 등	체험홈	사회복지사
	2	자기관리 훈련1	개인위생, 의복정리, 시간관리	체험홈	전문강사
	3	자기관리 훈련2	약 복용 관리, 수면 및 건강관리	체험홈	전문강사
	4	안전관리 교육	화재대피, 응급상황 대처, 교통 안전	체험홈	전문강사

이렇게 ChatGPT, Gemini, CLOVA X 등을 통해 전체적인 항목에 의거한 해당 세부 프로그램을 각각 구체적으로 작성하도록 노력한다. AI 도구

를 통해 나온 결과는 매우 단순하게 제시할 수도 있고 지역사회 및 클라이언트에게 맞지 않는 내용들도 제안할 수 있으니 오로지 적용시키기보다 ChatGPT, Gemini, CLOVA X 등에서 제시한 내용을 기준 삼아 좀 더 보완하려는 노력이 필요하다. AI가 제시한 내용은 총 4개의 주제로 제시되어 있으며 세부 교육 내용과 수행 횟수 등에서 매우 구체적이지 않다. 아래의 실제 작성 예시처럼 활동 시기 및 횟수, 참여 인원 및 장소, 활동 내용 및 방법의 네 가지의 세부 항목에 따라 매우 구체적으로 작성토록 해야 하며 회기별 세부 프로그램 내용도 구체적으로 작성해야 한다. 다른 사람도 다 이렇게 작성한다는 생각을 가지고 있음으로 좀 더 다른 관점으로 보다 구체적으로 작성하려는 노력도 함께 필요하다.

이 부분에서도 AI가 말하는 것에만 믿지 않고 동일한 대답에만 국한하지 말며 좀 더 다른 시각과 관점, 대안 등을 지속적으로 고민해야 한다. 멋진 글로 인한 멋진 표현도 좋지만, 지금 현장에서 나타나고 있는 문제를 어떻게 하면 해결할 수 있는가에 대한 여러 의문과 대답 가운데 다른 신청기관이 생각할 수 없는 우리만의 대안을 제시하기 위해 끊임없이 고민하고 노력해야 한다. AI를 통해 동일한 멋진 대답이야말로 프로포절에서 떨어질 확률이 높아진다는 사실을 꼭 기억해야 할 것이다.

사업 내용 실제 작성 사례

2

3개년
사업 계획 구조화

AI 기반 3개년 사업 계획 작성 전략

3년 차 기획사업은 1년 차 사업 계획서를 우선적으로 작성하며, 2~3년 차 사업은 1년 차 사업 계획서처럼 구체적으로 작성하기보다 1년 차 사업 계획을 기준으로 연차별 사업내용을 작성하게 되는데 먼저 연도별 특징과 핵심 내용 중심으로 작성한다. 1차년도 예산 편성 기준을 삼아 2차 연도~3차 연도 예산을 작성하는데 1차 연도 예산처럼 구체적으로 작성하기보다 세목별로 작성한다. 3개년 사업 계획서이기 때문에 기관 연계 협력 전략 부분, 사업의 필요성 부분, 3차 연도 목표 및 평가, 사업 종료 후 지향점 부분 정도로 작성하게 되는데 기존과 동일하게 다른 관점으로 새로운 방법을 제시하도록 한다.

1년 차 사업의 성과 및 내용을 바탕으로 확장성, 지속가능성, 체계적 평가를 중심으로 3개년 사업 계획서를 작성해야 한다. 보통 1년 차는 사업의 안정화, 2년 차는 사업의 활성화, 3년 차는 사업의 정착화 및 보급화라는 특징을 가지고 있는데 이 부분에 관해 ChatGPT, Gemini, CLOVA X 등에 질문을 입력한다. 3개년의 넓은 시선으로 사업의 계획을 수립하되 연도별 특징을 가지고 보다 구체적인 실행 방안을 모색함으로써 결국 사업의 목적을 달성한다는 전체적인 그림을 3개년 사업 계획서에 포함되어야 한다.

너는 프로포절을 작성하는 사회복지사야. 시설 거주 장애인 청소년·청년의 자립을 위한 통합지원 사업에 대해 1차 연도, 2차 연도, 3차 연도 사업의 특징을 자세히 설명해줘! 1년 차는 사업의 안정화, 2년 차는 사업의 활성화, 3년 차는 사업의 정착화 및 보급화처럼 연도별 사업의 특징과 핵심 내용을 설명해줘!

1년 차: 사업의 안정화 단계
○ 목적: 프로그램 기반 구축, 인프라 확충, 초기 데이터 수집
○ 주요 특징
  - 자립역량강화프로그램: 직업 훈련(예: 바리스타 교육), 일상생활 기술 훈련(금융 관리, 요리 등)을 소규모로 시범 운영
  - 지역사회 연합 프로그램: 지역사회 기업과 협력해 체험 활동(예: 카페 인턴십) 진행
  - 중장기발전위원회: 참여자 50명 대상으로 자립 욕구 조사 실시, 3년간의 로드맵 수립
  - 전담 코디네이터 2명 채용, 지역사회 협력 기관(대학 사회복지학과, 사회적기업) 탐색
  - 자립 지원 전용 공간 마련(예: 직업 훈련실, 상담실)

2년 차: 사업의 활성화 단계
○ 목적: 프로그램 규모 확대, 지역사회 협력 강화, 지속가능성 기반 마련
○ 주요 특징
  - 참여 대상 및 프로그램 확대
  - 직업 훈련 심화: 인턴십 프로그램을 정규직 연계로 확장

- 주거 지원 추가: 공공임대주택 연계 서비스 도입
- 지역사회 기업 10곳과 MOU 체결, 대학과 공동으로 장애인 자립 지원 연구 수행
- 사회적 인식 개선 캠페인: "장애인 자립 응원 주간" 지정, 언론 홍보 진행
- 정부 보조금 외 민간 후원자 발굴, 크라우드펀딩 또는 수익 모델(자립 지원 앱 개발) 도입

3년 차: 사업의 정착화 및 보급화 단계
○ 목적: 프로그램 완전 정착, 전국적 확산
○ 주요 특징
- 2차년 데이터를 기반으로 최종 보고서 발간(취업률, 정착률 등 성과 지표 분석)
- 참여자 피드백을 반영한 프로그램 최적화(예: 자립 성공자 네트워크 구축)
- 2차년 데이터를 기반으로 최종 보고서 발간(취업률, 정착률 등 성과 지표 분석)
- 참여자 피드백을 반영한 프로그램 최적화(예: 자립 성공자 네트워크 구축)
- 타 시설 벤치마킹 지원, 시의회/지자체에 발달장애인 지역사회 전환 자립 지원 관련 개정안 건의

프롬프트

1년 차 사업의 안정화, 2년 차 사업 활성화, 3년 차는 사업의 보급화 및 정착화를 위해서 연도별로 특별히 진행해야 할 부분이 있는지 자세히 설명해줘!

1년 차 사업 운영의 목표는 안정화이다. 기존 기획한 사업에 대해 매뉴얼대로 안정적으로 운영할 수 있도록 지속적인 모니터링 및 점검이 필요하다. 시범 프로그램 차원으로 진행하고 직업 훈련, 일상생활 기술 교육 등

프로그램을 운영하면서 피드백을 반영해 수정하거나 조정하는 일도 함께 이뤄져야 한다. 한 사회복지시설만 참여하는 사업으로 안정화를 이뤄갈 수 없음으로 다양한 사회복지시설과 협력 기관들을 지속적으로 발굴하여 지역사회 연계 기반을 마련토록 한다.

1년 차 때에는 경력과 전문성을 갖춘 전문 인력을 채용하며 참여자의 기본 정보, 자립 욕구 등을 파악하는 설문지를 개발하여 AI 도구(ChatGPT, MonkeyLearn)을 활용해 설문조사 데이터를 분석해 맞춤형 프로그램 설계 과정에 반영토록 한다. 인력관리 체계 구축, 위기 대응 매뉴얼 제작, 지역 커뮤니티 연계, 외부 전문가를 위촉하여 지속적인 평가 및 컨설팅을 실시한다는 구체적인 대안을 제시하여 사업의 안정성을 도모토록 한다. 1년 차 사업은 사업의 첫해이기도 하여서 다양하게 발생할 변수들을 사전 예방하고 안정적으로 사업이 운영할 수 있는 구체적인 대안이 마련되어야 한다. 1년 차 사업을 안정적으로 운영하려면 사회복지사, 상담사 등 핵심 인력의 자격 요건을 명시하고, 채용 프로세스를 투명하게 기술해야 하며 위기 대응 매뉴얼 제작 시 현장 중심으로 설계하고 명확하고 간결하게 작성되어야 한다. 또한 지역 커뮤니티 연계 부분에서는 학교, 병원, NGO 등과의 협력 관계를 명시하고, 역할 분담을 구체적으로 기술하며 정기 회의 일정 등 소통 체계를 강화 시킬 수 있는 구체적인 방안도 함께 제시해야 한다.

2년 차 사업 활성화를 위해 특별히 진행해야 할 부분은 프로그램 확대, 지역사회 협력 강화, 성과 기반 개선을 통해 사업의 본격적으로 성장시키는 단계이며 기존 프로그램의 영향력을 확대하고 새로운 참여자와 자원을 유지하는 데에도 초점을 맞춰야 한다. 참여 대상을 확대하는 차원이나 자립홈 활동을 하는 사업 대상자 교체와 함께 기존 사업 대상자의 자립 활동 유지 등도 고려해야 하며 기존 진행되었던 프로그램을 심화시키거나 다양화시켜야 한다. 커피를 통한 직업 훈련이었다면 정규직 연계 인터십 활동으로 확장한다던지 주거 지원에서 공공임대주택 연계 서비스를 도입하는 등 기존 프로그램을 좀 더 심화하여 진행토록 한다.

지역사회 협력 체계를 더욱 강화하는 데 협력 기관들과의 다각화시켜 대학 사회복지학과, 사회적기업, 지역 기업과 MOU 체결로 자원 공유하고 "장애인–비장애인이 함께하는 마을 축제" 개최로 사회적 통합 촉진하는 공동 프로젝트도 추진하는 것도 좋다. 2년 차 사업 활성화를 위해 주의해야 할 부분이 있는데 1년 차 사업 성과 데이터를 분석하여 핵심 성공 요인을 파악하고 미흡한 부분을 개선해야 하며 사업의 활성화시켜 지속 가능성을 확보시켜야 한다. 기존 확보한 외부 자원과의 협력을 통해 역량을 더욱 강화시키는 대안이 필요하며 2년 차에 예상치 못한 문제 발생 가능성이 높아질 수 있음으로 위기 대응 매뉴얼을 보완토록 하는 등 초기 성공을 기반으로 새로운 도전 즉, 안정성과 혁신의 균형을 맞춰야 한다.

3년 차 사업 정착화 및 보급화를 실행하기 위해서는 사업의 완전한 정착과 전국적 보급화를 목표로 지속가능성 강화, 성공사례 확산, 정책적 기반 마련에 집중해야 한다. 공공임대주택, 직업 훈련 시설, 복지기관과 협력해 원스톱 서비스 체계 구축하기도 하고 1~3년 차 데이터를 바탕으로 자립 지원 프로그램 매뉴얼을 작성하고 타 시설 대상 연수 프로그램을 운영하는 등의 보급화 전략을 수립한다. 더욱 지자체 내에서 발달장애인의 지역사회 전환 자립 지원이 될 수 있도록 자자체 조례 개정 등의 노력도 함께 작성한다.

3년 차 사업은 마지막 사업 운영의 해이기도 하지만 기존 기획한 사업을 완성시키고 지역사회에 정착시키며 우수사례를 다양한 곳에 보급하는 시기이기도 하다. 3년 차의 성공적인 완성을 위해서는 지속 가능한 재원 확보 방안을 제시하거나 내부 시스템 표준화 및 역량을 강화시키거나 위험 관리 체계 고도화 차원의 예상 위험별 대응책을 마련토록 한다. 사업을 보급화시키기 위해서 인프라 및 네트워크 확장 방안을 제시하거나 발달장애인 지역사회 전환 자립 지원 사업이 자자체의 기존 정책과 연계해 지속적인 사업 운영을 도모하는 내용도 함께 제시한다. 3년 차 사업의 정착화 및 보급화 단계에서 주의해야 할 사항은 먼저 초기 성공에 안주해 조직 내부의 역량 강화에만 집중하다가 외부 환경 변화를 놓칠 수 있는 실수를 범하지 말아야 하며, 고정적으로 지출되는 비용이 증가되어 예산 부족으로 인해 긴급 상황 대응력을 떨어뜨리지 않도록 재정적 유연성을 유지해야 한다. 단순히 인프라 확장에 집중하다 보면 프로그램 질 관리가 소홀해질 수 있어서 매년 피드백을 통한 단계적 확대 방안을 모색한다.

1차 연도	
특징	청년 발달장애인의 자립을 위한 통합지원 사업의 [안정화]
핵심 내용	○ 개별 맞춤 자립계획의 고도화, 지속 가능한 주거 안정 기반 마련 ○ 지역사회 연계 및 참여체계 구축, 직업 및 소득 기반 안정화 ○ 지속가능한 운영체계 및 협력 기반 강화
2차 연도	
특징	청년 발달장애인의 자립을 위한 통합지원 사업의 [활성화]
핵심 내용	○ 대상자 참여 확대 및 접근성 향상, 자립역량 강화를 위한 프로그램 다양화 ○ 다부처·민관협력 연계 시스템 구축, 지역사회 인식 개선 및 참여 유도 ○ 가족 및 보호자 참여 활성화, 직업 및 소득 활동 연계 확대 ○ 시설 거주 청년의 자립을 위한 통합지원 사업 연구사업 진행 및 조례 개정을 위한 데이터화
3차 연도	
특징	청년 발달장애인의 자립을 위한 통합지원 사업의 [정착화 및 보급화]
핵심 내용	○ 지역 기반 자립 지원 모델의 제도화 ○ 시설 거주 청년의 자립을 위한 통합지원 사업 연구사업 진행 및 조례 개정을 위한 데이터화 ○ 시설 거주 청년의 자립 지원 전달체계 마련을 위한 ○○시 조례 개정

3개년 사업 계획 예시

3

사업 예산
작성 방안

AI 기반 프로포절의 예산안 작성 전략

AI를 통한 프로포절의 예산안을 작성하기 위해서는 사전 계획된 세부 프로그램 계획서(PDF파일)와 지원처의 예산편성기준표(PDF 파일)를 제공하고 인건비, 사업비, 관리운영비로 구분하여 예산안을 ChatGPT, ChatGPT, Gemini, CLOVA X 등에 요청한다. 외부공모사업에서는 대상자에게 직접 사용되는 예산인 직접 사업비 비율이 높을수록 사업의 효과성 및 타당성이 높게 평가됨으로 간접비 최소화 및 직접 사업비 중심으로 요청하는 것이 좋다. 기획자는 우선 지원처에서 제공한 예산 편성기준표를 정확히 확인해야 한다. 인건비 부분, 사업비 부분 등 자세히 설명한 기준표를 우선 확인하며 AI가 제공한 예산(안)만을 단순히 적용하는 것이 아니라 확인하는 절차를 꼭 진행해야 한다. 예산(안)을 작성할 때는 얼마나 현실적으로 적용하는지가 매우 중요하다. 지원처 입장에서 책정한 예산(안)이 현실적으로 적용이 가능한지를 확인하고 점검하는 경우가 많아 오직 신청기관과 담당자 입장에서 과도하게 예산(안)를 작성하면 안 된다. 오직 지원 대상자에 대한 직접 사업비 비율을 높이고 어떻게 하면 효율적인 예산(안)을 수립하여 더 나은 사업의 효과성을 높일 것인지에 대한 깊은 고민이 필요하다.

사업 예산 작성 예시

위의 예산 편성 전략으로서 직접 사업비 비율 22.1%로, 전체 예산 중 가장 높은 비중을 대상자 활동 · 체험 · 교육에 집중하였고 관리 · 운영비(간접비)는 전체의 5% 미만으로 최소화하여 효율성 확보하였다. 인건비는 필수 전담 인력 2명 기준으로 유지해 전문성과 지속성 확보하였고 사업비는 모두 참여자 직접 지원 중심(훈련비, 체험비, 교재비, 강사비)으로 구성하였으며 홍보 · 회의 · 행정 관련 항목은 최소 단가로 편성하여 심사 시 "낭비 없는 운영 구조"로 평가 가능토록 한다.

위의 예산안은 1차 예산안 초안이다. 계속적으로 프롬프트를 통해 예산안을 계속 조정할 수 있다. 사업비 비율이 제일 높아야 하고, 인건비는 지침에 제시된 것처럼 전체 예산에서 40%를 넘을 수 없도록 해야 한다. 관리운영비는 최소한으로 예산을 책정해야 하며 사업 계획서에 포함된 세부 프로그램 별로 예산안이 책정되지 않았고 외부자문비, 홍보비, 보험료, 회의

비 등은 보통 사업비에 포함되어 있는데 관리운영비에 포함되어 있어서 수정이 요구되어진다. 예산 산출 내역을 작성할 때는 "단가×회기수×참여명수"로 작성하는데 위의 예산안은 그렇게 작성되어 있지 않아서 사회복지 프로포절처럼 수정한다. ChatGPT 등에서 제공한 예산안을 100% 적용하기보다는 예산안의 초안이라고 인식해야 한다. 예산안의 초안을 바탕으로 예산으로 넣을 것과 삭제할 부분을 분명하게 정하고 예산안조차도 지원처의 심사위원이 살펴보는 부분임으로 지원처의 심사위원이 잘 이해할 수 있도록 명확하게 예산안을 산출한다.

1차 연도 예산 사례

(단위 : 원)

목	세목	세세목	계	산출근거	예산조달 계획				
					신청금액	비율(%)	자부담	비율(%)	자부담 재원
총계			116.802.600		114,000,000	97.6	2,802,600	2.4	
인건비	자립 코디 네이터 인건비	급여	26,364,000	2,197,000×12개월 ×1명 (사회복지사 3호봉/장애인거주 시설 인건비 가이드 라인 기준)	26,364,000	22.57	-	-	-
		제수당	1,318,200	1,318,200×1회×1명	1,318,200	1.13	-	-	-
		퇴직 적립금	2,306,850	192,237×12개월	2,306,850	1.97	-	-	-
		사회 보험 부담금	1,245,240	국민연금 103,770× 12개월×1명	-	-	1,245,240	1.07	법인전입금
소 계			32,791,650		29,989,050	25.67	2,802,600	2.40	법인전입금

　1차년 사업 예산안이 확정이 되었다면 앞서 작성한 3년 차 사업 계획 내용을 중심으로 연차별 예산안을 작성해야 한다. 연차별로 예산을 삭감한다는 차원보다는 연차별 사업 운영의 특징을 고려하여 예산안을 조정하고 수정해야 한다. 때론 ChatGPT, Gemini, CLOVA X 등을 활용하여 연차별 사업 계획서를 업로드하여 예산안의 초안을 받아보는 것도 좋다.

3차 연도 예산 사례

(단위 : 원)

구분	1차 연도			2차 연도			3차 연도		
목	세목	신청금액	자부담	세목	신청금액	자부담	세목	신청금액	자부담
총 계		114,000,000	2,802,600	총 계	140,278,650	3,065,760	총 계	185,934,950	3,147,480
인건비	인건비	29,989,050	-	인건비	32,107,700	-	인건비	32,864,000	-
	사회보험 부담금	-	2,802,600	사회보험 부담금	-	3,065,760	사회보험 부담금	-	3,147,480
	소 계	29,989,050	2,802,600	소 계	32,107,700	3,065,760	소 계	32,864,000	3,147,480

4

평가 계획
수립 방안

AI 기반 평가 계획 수립 전략

평가 계획은 프로그램의 효과성 검증, 문제점 조기 발견, 지속적 개선을 위해 필수적이다. 특히 정부나 재단의 지원을 받는 공모사업이라면 체계적인 평가로 투명성과 책임성을 확보해야 한다. 평가 계획 수립의 핵심 목적 중에 하나가 바로 프로그램의 효과성을 검증하는 것이기 때문이다. 프로그램별 목표 달성 여부를 확인할 수 있고 때론 수정 및 보완이 되어 더 나은 프로그램 계획을 수립할 수 있으며 참여자의 피드백, 전담 인력 중심의 관찰, 지역사회 협력 과정에서의 장애 요인을 분석하여 즉각 수정할 수 있다.

예산 사용의 적절성 부분도 확인할 수 있는데 예산 배분이 계획대로 이뤄졌는지, 월별 지출 내역을 모니터링 한 결과 예산 초과 항목이 있는지 확인하여 조정이 가능하고 계획 대비 예산이 지출이 되어 있지 않았거나 예산 관련 증빙서류가 잘 갖춰져 있는지도 함께 확인할 수 있다. 평가의 결과를 바탕으로 장애인 자립 지원 정책 개선안을 제안하거나, 관련 학술지에 수록하거나 학술대회에서 발표가 가능한 등 사업의 규모를 점차 확대시킬 수 있으며 차년도 지원처로부터 연속적으로 지원받을 수 있다. 평가 계획을 수립하고 정기적인 평가를 하는 것이 매우 중요하다. 평가 계획 수립이 이와 같이 중요한 만큼 AI를 기반하여 평가 계획을 수립할 수 있는데 먼저 시설거주 장애인 청소년·청년의 자립을 위한 통합지원 사업에 대한 세부 계획서 등을 업로드하고, 목적 및 목표에 맞는 적절한 평가 계획(산출 목표에 따른 평가 계획)을 ChatGPT, Gemini, CLOVA X 등에 다음과 같이 요청함으로써 평가 계획을 수립할 수 있다.

프롬프트

세부사업명	산출목표	모니터링 방법
자립전환기 교육	자립전환기 교육 연 4회 × 대상 10명 계획 대비 90% 이상 실적 달성	자립코디네이터 및 내부평가자를 통해 프로그램 계획서·교육계획 대비 실행 여부 확인, 출석부, 교육일지 분석
생활기술훈련(실습)	주1회(총 24회) 운영, 회기별 평균 참여율 계획 대비 90% 이상 실적 달성	프로그램 담당자를 통해 출석부, 실습평가표(과제 수행율), 강사 피드백
자립체험홈 운영	체험홈 1개소 운영(연간 입주자 8명), 체류 완료자 중 6개월 정착률 50% 이상 달성	자립코디네이터 및 사례관리자를 통한 입주자 명부·체류기록, 퇴소 후 추적(사례관리), 정착 실태조사
직업체험·취업연계	연간 직업체험 6회, 연간 취업연계자 6명 이상, 취업전환율 50% 이상, 6개월 유지율60% 이상 달성	직업지원 담당자를 통해 인턴·체험보고서, 고용계약·근로소득 확인, 고용주 만족도 조사

시설거주 장애인 청소년·청년의 자립을 위한 통합지원 사업에 대한 세부 계획서 등을 업로드하고, 목적 및 목표에 맞는 적절한 평가 계획(성과목표에 따른 평가 계획)을 ChatGPT, Gemini, CLOVA X 등에 요청한다.

너는 프로포절을 작성하는 사회복지사야. 시설거주 장애인 청소년·청년의 자립을 위한 통합지원 사업에 대하여 평가 계획을 자세히 수립해주고 사회복지공동모금회 양식대로 작성해줘. 보통 성과목표는 성과목표와 평가 도구 및 방법, 측정 시기를 중심으로 작성하는데 이와 같은 양식대로 성과목표 및 평가 방법 작성해줘. 그리고 과정평가도 함께 작성해 주는데 동일하게 성과목표와 평가도구 및 방법, 측정시기 내용 중심으로 과정평가 부분도 작성해줘!

성과평가

성과목표	평가 도구 및 방법	측정 시기
장애인의 지역사회 통합성 향상	1) 자료수집대상: 세부 프로그램 참여 대상자 2) 도구 및 방법: 지역참여 빈도표(활동횟수, 월별) 　- 사회통합척도(Social Inclusion Scale, 5점 척도) 　- 포커스그룹 인터뷰(참여자·주민·멘토) 3) 자료수집시기: 사전검사(2025. 12월), 사후검사(2026. 10월)	사전(2025년 11월) 사후(2026년 10월)
장애인의 자립생활능력 향상	1) 자료수집대상: 세부 프로그램 참여 대상자 2) 도구 및 방법: IADL 변형 자립기술척도(10문항, 관찰형) 　- 자기효능감척도(General Self-Efficacy Scale, 10문항) 　- 자립생활 수행 체크리스트(직접관찰) 3) 자료수집시기: 사전검사(2025. 12월), 사후검사(2026. 10월)	사전(2025년 11월) 사후(2026년 10월)

과정평가

성과목표	평가 도구 및 방법	측정 시기
사업계획의 충실한 이행	- 평가주체: 담당자 - 세부지료: 사업 일정 및 회기 운영 이행율 - 평가방법: 프로그램 일정표 및 프로그램 일지 비교, 회기별 점검표	2026년 4월 (2026.04.01.~04.30)
참여자 유지율 관리	- 평가주체: 담당자 - 세부지표: 참여율 및 중도탈락률 - 평가방법: 출석부, 참여현황 기록 등을 분석을 통한 참여자 유지율 확인	2026년 4월 (2026.04.01.~04.30)

5

협력체계·네트워크
구축 방안

AI 기반 협력체계 및 네트워크 체계 작성 전략

사회복지사업은 신청기관의 노력만으로는 한계가 분명 있기 때문에 다양한 기관과의 협력체계와 네트워크 구축이 필수적이다. 시설 거주 장애 청소년·청년의 자립 지원은 주거, 직업, 정서적 지원 등 복합적 영역이 결합되어야 하므로, 협력체계는 프로그램의 성공 여부를 좌우하는 핵심 요소이다. 시설 거주 장애인 청소년·청년의 자립을 위한 통합지원 사업에 대한 세부 계획서 등을 업로드하고, 세부 프로그램별 요구되어지는 협력체계와 안정적인 사업 운영을 위한 네트워크를 구축하는 방법을 ChatGPT, Gemini, CLOVA X 등에 요청한다.

프롬프트

시설 거주 장애인 청소년·청년의 자립을 위한 통합지원 사업을 효과적으로 운영하기 위해서 세부 프로그램별로 요구 되어지는 협력체계를 자원명과 활용 계획 및 내용 중심으로 정리해서 알려줘!

구분	자원명	활용 계획	활용 내용
자립 전환기 교육 "자립의 첫걸음"	종합사회복지관, 자립생활센터	자립생활센터 공동교육 및 현장체험 연계	자립 개념, 지역사회 체험활동, 자립 선배 초청 간담회 등 협력 운영
체험홈활동 "따봉하우스"	지자체 복지정책과, 지역 임대주택 소유자, 지역 슈퍼마켓	주거 및 생활자원 연계	체험홈 장소 제공, 생활용품 지원, 지역주민과의 교류 지원
의사소통기술 교육 "소통 한 걸음, 자립 두 걸음"	언어치료사, AAC 전문가, 지역 대학교 언어치료학과	전문교육 및 실습 협력	대화·역할극 중심 의사소통 훈련, AAC 보조 기기 사용 교육
일상생활훈련 프로그램	○○○자원봉사센터, 소방서, 국민은행	일상·안전·금융 생활체험 지원	소방안전교육, 금융기관 이용 체험, 지역 자원 활용 생활훈련

실제 ChatGPT, Gemini, CLOVA X 등에서는 지역사회 내에 다양한 협력 기관들을 구체적으로 잘 알지 못하는 경우가 많아 프로포절 작성자는 ChatGPT, Gemini, CLOVA X 등에서 제공한 협력체계 부분을 초안으로 삼고 사전 발굴하고 알고 있던 지역사회 내의 다양한 협력업체를 작성한다. 사회복지공동모금회 사업 계획서 협력체계 표 양식(한글 문서 형태)으로 변환이 doxe 파일로 변환됨에 따라 추후 한글파일로 수정하여 작성하면 된다. 협력체계와 관련하여 자립 지원 사업을 "시설 내부 중심"에서 "지역사회 협력 중심"으로 확장했다는 점, 교육·주거·직업·심리·가족 등 다학문적 협력체계(Multi-disciplinary Network) 구축, 지속가능한 자립 지원 생태계 조성과 지역 기반의 통합적 돌봄체계 확립 부분임으로 명심해야 한다.

자원명	활용 계획 및 내용
지자체	○ 사업 참여 대상자 추천 연계(동사무소 등), 사업 운영 홍보, 지역 거점센터, ○○시 소유 임대 주택 연결, ○○시 연합프로그램 지원 등
A 장애인거주시설	○ 자립 욕구가 높은 시설 장애인 추천, 중장기발전위원회(체육분과) 실무위원 활동
B 장애인복지시설	○ 자립 욕구가 높은 재가 장애인 추천, 중장기발전위원회(자립 지원분과) 실무위원 활동, 연구사업 실무위원
장애인주간보호센터	○ 자립 욕구가 높은 시설 장애인 추천, 중장기발전위원회(평생교육분과) 실무위원 활동
H 대학교	○ 사업 운영 자문, 연구사업 자문
K 심리지원센터	○ 발달장애인 심리상담 및 가족 심리상담 지원

추가적으로 시설 거주 장애인 청소년·청년의 자립을 위한 통합지원 사업을 원활하게 진행하기 위해서 네트워크를 구축할 수 있는 방법을 설명하고자 한다.

프롬프트

시설 거주 장애인 청소년·청년의 자립을 위한 통합지원 사업을 원활하게 진행하기 위해서 네트워크를 구축할 수 있는 방법을 자세히 설명해줘.

네트워크 구축은 프로그램의 성공을 위해 필수적이며, 다양한 기관과의 협력을 통해 자원을 공유하고 전문성을 강화할 수 있다. 먼저 협력할 기관을 선정토록 하는데 예를 들어서 대학 사회복지학과는 직업 훈련 커리큘럼 개발, 멘토링 지원, 지역사회 기업은 인터십 기회 게공 및 취업 예산, 지자체는 주거 지원 정책 연계 및 예산 지원, 비영리단체 등은 정서적 지원 프로그램 지원 등 목표 기관별 역할 분담이 분명해야 한다.

협력 체계 구축을 위한 단계로서 초기 모든 기관이 참여하는 초기 회의를 열어 프로그램 목표와 각 기관의 역할을 공유하고 프로그램 설계 단계에서 워크숍을 열어 각 기관의 전문 지식을 결합한다. 또한 정기적 소통 체계를 마련하는데 월간 또는 분기별로 회의를 개최해 진행 상황을 점검하고 문제를 해결하거나 Slack, Notion 등 협업 도구를 사용해 실시간 정보 공유와 소통을 강화하도록 한다.

위와 같은 내용 등을 초안으로 삼고 지역사회에 맞는 적절한 시설 거주 장애인 청소년·청년의 자립을 위한 통합지원 사업 네트워크 구축을 한다. 보다 효과적인 사업을 진행하기 위하여 지역 내외의 협력기관을 찾고 함께 할 수 있는 현실적인 방안을 작성하는 것이 매우 중요하다.

6

첨부 자료 및 도표
작성 방안

AI 기반 첨부 자료 및 도표 작성 전략

프로포절 작성이 완료되었지만 작성된 계획서만으로 선정될 확률이 높지 않으며 지원처와 심사위원의 입장에서 지원 사업에 대한 이해도가 낮을 수 있다. 각 신청기관 별로 별도의 첨부 자료를 첨부하여 신청기관으로서의 역량 및 실제 지원이 필요한 절실한 상황을 추가적으로 설명할 수 있다. 위와 같은 자료는 ChatGPT, Gemini, CLOVA X 등에 요청토록 한다. 중요한 것은 단순히 첨부 자료만을 제시하는 것이 아니라 작성된 계획서를 어떻게 하면 지원처에서 깊이 이해하고 공감할 수 있는지, 추가적인 서류가 무엇인가에 대한 고민인 것이다. 작성되고 첨부된 서류의 양이 중요한 것이 아니라 문제의 심각성, 다른 협력기관과의 연대성, 신청기관이 중요하게 여기는 현재의 상황에 대한 심각성을 좀 더 표현할 수 있는 데이터 자료 등을 제시하는 것이 매우 중요하다.

지원처는 신청기관이 현재 겪고 있는 상황, 지원 대상자의 현재 상황을 명확히 이해하지 못한다. 더욱 신청기관이 있는 지역사회에 대한 정보가 없거나, 지원 대상자에 대한 사업 수행 경험이 전혀 없었다면 사업 계획서에 대한 이해는 분명 적을 것이다. 기획자는 이 부분에 대하여 또 다른 기회로 삼아야 한다. 작성하는 사람의 입장보다는 읽는 사람의 입장에서 보다 이해하고 공감될 수 있도록 단순히 글로써 나열하는 게 아닌 도표, 그림으로 만들어 글을 읽지 않아도 이해할 수 있는 전략을 수립해야 한다. 이러한 첨부 자료, 도표, 그림 등은 ChatGPT, Gemini, CLOVA X, NotebookLM 등으로 제작이 가능하다.

프롬프트

협력 기관과의 협약서, 사전 관련 사업을 수행한 경험을 증명할 수 있는 결과물 등과 같이 시설 거주 장애인 청소년·청년의 자립을 위한 통합지원 사업의 필요성을 더욱 공감하고 절실히 필요하다고 지원처와 심사위원들을 이해시키려면 추가적인 첨부 자료는 무엇이 있을까?

1. 협약서(MOU)
참여 기관(대학, 기업, 지자체, 비영리단체 등)과의 공식 협약서로, 각 기관의 역할(직업 훈련, 주거 지원, 정서적 지원 등)과 협력 방안을 명시합니다.

2. 사전 사업 경험 증명 자료
   ○ 유사 사업 결과 보고서: 이전에 수행한 장애인 자립 지원 프로그램의 성과 보고서(취업률, 정착률, 만족도 등)
   ○ 직업 훈련 현장, 지역사회 행사, 참여자 인터뷰 등 시각적 증거를 첨부해 프로그램의 활기를 전달

3. 시설 거주 장애인의 현황 및 문제점 데이터
   ○ 통계 자료: 시설 거주 장애인의 장기 거주율(70% 이상이 10년 이상 거주), 재입소율(40%가 1년 내 재입소), 자립 희망율(63.2%) 등의 데이터를 제시(출처: 보건복지부, 장애인개발원 등)
   ○ 인프그래픽: 시설 거주 장애인의 자립 과정에서의 주요 장벽(주거 불안정, 직업 미연계, 사회적 고립 등)을 시각화한 그래프

4. 정책 분석 및 개선 제안서
   ○ 정책 사각지대 보고서: 시설 유형별 차별(노숙인복지시설, 정신건강
     복지시설 거주자 지원 미비)과 「장애인복지법」 개정안의 미흡한 점
     을 지적한 자료
   ○ 정책 개선 제안서: 자립 지원 전담 인력 배치, 맞춤형 주거 서비스, 직
     업 훈련 강화 등 구체적인 정책 제안 내용을 담은 문서

5. 성공사례 및 벤치마킹 자료
   ○ 국내 성공사례: 대구시 청소년자립 지원관의 주거+직업 통합 프로그
     램이나 구미시의 찾아가는 자립 지원 설명회 사례
   ○ 해외 사례: 대만 심로사회복지재단의 가족 중심 지원 모델이나 일본
     의 자립 지원 주거 프로그램 등 글로벌 비교 자료

6. 전문가 의견 및 연구 결과
   ○ 학술 논문 및 보고서: "[장애인거주시설 장애청소년 자립 지원 강화
     방안 연구]"(2018)와 같은 연구로 시설 거주 장애청소년의 자립 지원
     필요성과 방안을 제시, "자립준비청년 위한 '자립수당 선지급' 필요성
     제기"(2025.08.05)와 같은 정책 평가 보고서 활용

7. 대상자의 사례 내용
   ○ 클라이언트의 경험 등의 사례 내용: 시설 거주 장애인이나 자립 성공
     자의 구술 기록이나 영상 자료로 생생한 현장 경험을 전달, 자립준비
     청년 지원 정책의 수혜자 사례 요약본

이러한 자료들을 종합해 프로포절에 첨부하면, 시설 거주 장애인 청소
년·청년의 자립 지원 사업의 현실적 필요성, 정책적 공백, 과학적 접근법
(AI 활용), 성공 가능성을 체계적으로 보여줄 수 있다. 특히 협약서와 사전
사업 경험은 프로그램의 구체적 실행 계획과 신뢰성을 강조하는 데 매우
효과적이다.

　각각의 프로포절의 내용에 따라서 첨부 서류는 달라진다. 고립된 지역에서 살고 있는 독거노인의 상황을 설명할 때는 때론 독거노인을 대상으로 실시한 인터뷰 결과 자료를 요약해서 첨부하기도 하고 지역 자체가 고립되었다는 사실을 더욱 강조하기 위해 버스 노선표를 사진으로 첨부한다. 차량지원 사업을 신청한 경우 노후화된 차량을 가지고 장거리를 운행한다는 사실을 보다 객관적으로 설명하기 위해서 신청기관 중심으로 차량 이동 노선도를 지도 형태로 제작하여 첨부하거나 차량 수리대장이나 차량 수리 지출 관련 예산 서류도 함께 첨부한다.

Step 3

제출 전 완성도 점검

1

제출 전 체크리스트

: AI로 최종 점검하기

AI 기반 최종 점검 전략

프로포절을 1차적으로 완성하였다고 하여도 미처 보지 못했거나 생각하지 못했던 것들이 종종 있을 수 있어서 최종 제출 기간 일주일 전에 보통 프로포절을 마무리하고 최소 2~3일 동안 완성된 사업 계획서에 대해 깊이 생각해보는 시간을 갖는 것이 좋다. 일부러 그러한 시간을 가지는 이유는 프로포절을 작성하는 단계에서 미처 생각하지 못하는 것들을 나중에 발견할 뿐만 아니라 기획단계에서 미처 알지 못했던 정보들을 확장시켜 좀 더 나은 정보들을 통해 좀 더 업그레이드된 프로포절을 만들 수 있기 때문이다. 제출 전 여러 체크리스트를 활용하여 사전 완성한 프로포절을 다시 한 번 점검함으로써 누락 된 서류를 발견하거나 좀 더 나은 프로포절으로 완성토록 끝까지 최선의 노력을 다해야할 것이다. 이러한 체크리스트 양식 또한 ChatGPT, Gemini, CLOVA X를 활용하여 제작하고, 체크리스트를 통한 프로포절의 완성도를 한층 더 높여야 한다.

너는 프로포절을 작성하는 사회복지사야. 시설거주 장애인 청소년·청년의 자립을 위한 통합지원 사업을 최종 완성하였는데 최종 제출 전 체크리스트를 통해 한 번 더 점검하고 결국 프로포절의 완성도를 높이려고 해. 그래서 프로포절을 제출 전 점검해야 할 체크리스를 만들어줘!

최종 점검 리스트

프로포절을 완성한 후 담당자 이외의 타인으로부터 여러 측면에서 검토를 받게 되면 프로포절의 완성도가 한층 더 향상될 수 있다. 실제로 프로포절의 완성도는 내부 검토 체계(Supervision System)에 따라 크게 달라질 수 있다. "시설거주 장애인 청소년 · 청년의 자립을 위한 통합지원 사업"처럼 복합적이고 외부 협력체계가 많은 사업일수록, 단계별 검토와 역할이 분명해야 하는데 팀장 → 과장 → 부장 → 기관장으로 이어지는 내부 검토 · 슈퍼비전 체계의 구체적 모델을 ChatGPT, Gemini, CLOVA X 등을 통해 만든다.

내부 검토 시스템의 목적은 사업의 논리성과 실행 가능성을 확보하고 기관 목표와 정책 방향 일치 여부를 확인하며 예산, 윤리, 법적 위험 점검과 외부 평가나 외부 공모시 경쟁력을 한층 더 강화시키는 데 있다. 검토 프로세스 흐름도는 담당자(초안 작성) → 팀장(기획 슈퍼비전) → 과장(전략 슈

퍼비전) → 부장(운영 슈퍼비전) → 기관장(최종 승인 및 방향성 확정)으로
진행된다.

너는 프로포절을 작성하는 사회복지사야. 시설거주 장애인 청소년·청년의
자립을 위한 통합지원 사업을 최종 완성하였는데 내부적으로 검토하는 시
스템을 통해 프로포절의 완성도를 높이는 것도 좋은것 같아. 담당자 위의
관리자가 현재 팀장, 과장, 부장, 기관장이 있다고 하면 프로포절을 어떤 식
으로 어떻게 검토하고 슈퍼비전을 주는 것이 좋아?

프로포절 내부 검토 체크리스트

효과적인 슈퍼비전 문화를 조성하는 데 비판보다 성장 중심의 피드백,
피드백 기록화를 통한 다음 공모사업에 활용하는 것이 중요하다. 담당자와
함께 왜 수정이 필요한지 등의 논의를 팀별로 회의 진행, 맞춤법, 논리 흐
름, 표준 서식 등은 직접적인 슈퍼비전보다는 자동 점검 등으로 진행하게
되면 더욱 완성도 높은 프로포절이 완성되어 결국 선정되는 기쁨을 누리게
된다.

2

프로포절 현장심사 및 면접심사
준비 과정

AI 기반 현장심사 및 면접심사 준비 전략

프로포절을 완성하여 최종 제출한 후 지원처의 적격심사를 걸쳐 서류심사가 진행된다. 기준에 부합하는 사업인지, 신청기관의 자격 및 요건을 갖추고 있는지, 사업 및 예산 계획, 법인 관련 증명 등의 관련 자료를 구비하고 있는지, 사업 프로그램 없이 인건비나 운영비만 요청하고 있는지, 예산이 과잉 책정되어 있는지 등 매우 기본적인 기준으로 적격심사가 이뤄지며 사업의 수행 능력, 사업의 필요성, 사업의 실현 가능성, 사업수행기관의 신뢰성, 예산의 합리성, 프로그램의 참신성과 혁신성, 다른 재단으로부터의 지원의 수혜 정도, 재단과의 과거 관계에서의 신뢰도, 기관의 객관적인 평판, 직원들의 자질 및 전문성 등의 지원처의 서류심사표에 근거하여 몇 개의 시설을 결정한다.

서류심사 과정 중에 심사위원 입장에서 조금은 아쉽지만 몇 가지의 제언을 통해 높은 성과를 낼 수 있는 신청기관과 서류가 매우 매력적이라서 선정이 요구되는 신청기관 등은 현장심사 및 면접 과정에 참여하게 된다. 기능보강사업에 신청한 기관들은 현장심사를 통해 기능보강의 필요성을 직접 확인하기도 한다. 면접 과정 대상 기관이든 현장심사 대상 기관이든 서류심사에 통과한 기관으로서 전보다 선정될 확률이 높아질 만큼 면접심사나 현장심사를 보다 철저히 준비해야 한다. 프로포절을 통해 미처 설명하지 못한 부분이 있다면 추가 서류 등을 준비하여 최종 선정될 수 있도록 최선의 노력을 다해야 한다. 이렇게 현장심사 및 면접심사 준비과정이 매우 중요할 만큼 ChatGPT, Gemini, CLOVA X 등을 통해 준비사항을 확인한다.

프롬프트

현장심사 준비

현장심사 목적: 제안서에 작성한 내용이 실제로 가능한 기관인지 검증, 인력, 공간, 네트워크 등 실행 기반의 신뢰성 확인

기본 서류 정비

구분	주요 서류	체크 포인트
사업 관련	제출한 프로포절 원본, 세부 일정표, 예산표, 협약서(또는 협력 기관 의향서)	서류 내용과 실제 환경이 일치하는지 확인
기관 관련	조직도, 인력현황표, 주요 시설 사진, 최근 1년 사업실적	담당자 역할 명확히 제시 필요
회계 관련	보조금·후원금 사용 내역, 예산관리 체계	회계 투명성, 예산 집행 능력 확인
안전 및 인권 관련	안전점검표, 인권보호지침, 응급대응 매뉴얼	장애인 인권보호 체계 강조

현장 환경 정비

구분	내 용
프로그램 운영 공간	자립훈련실, 생활실, 상담실, 회의실 등 정돈
시각자료 준비	신청기관 소개 프레젠테이션, 사업 진행 흐름도, 연간 일정, 사진 게시
시설 안내 루트 구성	심사위원이 방문 시 자연스럽게 설명할 수 있도록 동선 계획
직원·이용인 인터뷰 대비	사업 참여 동기, 역할, 기대효과를 명확히 제시, "이 사업이 나에게 어떤 도움이 될 것 같나요?"에 대해 연습

기관 대표자의 역할

구분	내 용
기관장	기관장은 전략적 비전과 지속성 강조
중간관리자	실행체계·협력망 설명
담당자	심사위원이 방문 시 자연스럽게 설명할 수 있도록 동선 계획
직원·이용인 인터뷰 대비	현장 세부 운영 및 모니터링 체계 설명

현장 면접 심사 준비

면접 심사 준비

면접심사 목적: 제안된 사업이 얼마나 논리적이고 실현 가능한지, 기관의 의지, 전문성, 확장 가능성 검증, 담당자와 기관장의 설득력 있는 비전 제시

프레젠테이션을 통한 발표 구성(5분~10분 이내)

구성 요소	주요 내용	비중
기관 및 사업 소개	기관 역할, 미션, 대상자 특성	10%
문제 인식 및 필요성	시설거주 장애 청소년·청년의 현실과 자립의 필요성	20%
사업 목표 및 핵심 내용	핵심 프로그램 3~4가지 중심	30%
협력체계 및 실행력	지역사회 네트워크, 기관 역할 분담	20%
기대효과 및 지속가능성	성과관리, 후속연계 방안	20%

예상 질의 응답 항목과 대응 전략

구분	예상 질문	답변 전략
필요성	"왜 이 사업이 지금 꼭 필요한가요?"	현장 사례·통계 기반으로 현실감 있게 설명
실행력	"협력 기관이 실제로 참여 가능한가요?"	이미 체결된 MOU·의향서 근거로 설명
예산	"인건비 비중이 높아 보이는데, 타당한가요?"	인건비가 서비스 질 확보의 핵심임을 논리적으로 설명
지속성	"지원이 끝난 뒤에도 사업이 유지될 수 있나요?"	기관의 장기 자립 지원 계획과 내부 예산 반영 계획 제시

3
—

면접·현장심사 활용
프레젠테이션 제작 과정

AI 기반 프리젠테이션 제작 전략

한정된 시간에 사업의 내용을 설명하기에는 참으로 부족한 것은 사실이다. 사업 담당자는 다양한 사업 구성 내용을 다 설명하기보다 가장 중요하게 여겨지는 부분이 무엇인지 먼저 선별하는 것이 중요하다. 사업의 필요성 부분은 되도록이면 핵심적인 내용을 중심으로 구성토록 하며, 기획한 사업 중 특화된 부분과 기존 운영되었던 사업과 비추어 좀 더 특별한 부분 중심으로 구성해야 한다. 신청기관으로서 본 사업을 효율적으로 운영할 수 있는 나름의 강점도 함께 강조하는 것도 중요하다. 이렇게 기본적으로 나름 담당자로서 생각을 했다면 먼저 사전 계획한 사업 계획서를 바탕으로 ChatGPT, Gemini, CLOVA X 등을 통해 발표 요약본이나, 발표 목차를 요청한다.

다양한 사업 계획서 내용을 프레젠테이션 내에 담을 수가 없다. 주요 핵심 내용 중심으로 프레젠테이션이 구성되어야 하는데 GAMMA 등에 사업 계획서 요약본이나 발표 목차 PDF 파일을 업로드를 하고 10분 이내로 설명할 수 있는 프레젠테이션을 구성해달라고 요청한다. 때론 슬라이드 10개 이상일 경우 유료화 될 수 있다는 점도 함께 참고해야 한다. 다양한 내용이 담긴 프레젠테이션을 제작하는 것도 중요하겠지만 핵심적인 내용이 중심이 되어 임팩트하게 구성하는 것이 매우 중요하다.

프롬프트

업로드한 사업 계획서를 바탕으로 프레젠테이션을 제작하려고 하는데 10분 이내로 설명할 수 있도록 프레젠테이션을 구성해줘!

프리젠테이션 목차
① 표지(1분)
② 사업 배경 및 필요성(1분)
③ 사업 목적 및 목표(1분)
④ 사업 추진 내용(3분)
⑤ 협력 네트워크 체계(1분)
⑥ 예산 및 운영 체계(1분)
⑦ 기대효과(1분)
⑧ 사업 지속화 전략(1분)
⑨ 결론 및 비전(1분)

프리젠테이션의 전체적인 구성을 완료하였다면 새로운 AI 도구 감마(https://gamma.app) 사이트에서 구글 아이디로 회원 가입을 한 후에 AI로 만들기 부분에서 텍스트로 붙여넣기, 파일 또는 USR 가져오기 중 하나를 클릭하여 본격적인 프리젠테이션을 제작한다. 첫 번째로 텍스트로 붙여넣기 부분으로 새로운 창이 생성되면 어떤 콘텐츠를 생성하고 싶으신가요라는 부분에 프레젠테이션 부분을 클릭하고 아래 부분에 사용하고 싶은 노트, 개요, 텍스트 콘텐츠를 붙여 넣는다.

텍스트를 붙여 넣은 다음에 이 콘텐츠로 어떤 작업을 하고 싶으신가요 라는 질문에 노트나 개요에서 생성합니다(대략적인 아이디어, 글머리 기호 또는 개요를 멋진 콘텐츠로 전환), 긴 텍스트 또는 문서를 요약합니다(자세한 콘텐츠를 프레젠테이션에 알맞은 형태로 압축하는데 적합), 이 텍스트를 그대로 유지합니다(내가 작성한 텍스트 내용을 그대로 사용하여 생성) 부분 중에 선택하여 진행하면 된다. 다음 창에는 왼쪽 부분에 텍스트 콘텐츠(생성, 압축, 보존)에서 선택하는 것과 출력 언어는 한국어, 영어 등으로 선택이 가능하고 시각적 요소는 테마별로 선책이 가능하다. 또한 이미지 출처는 자동, 스톡사진, 웹이미지, AI 이미지, 일러스트레이션, 애니메이션 GIF 등으로 선택을 할 수 있으며 AI 이미지 모델도 자동 선택이 되거나 각자 선택이 가능하며 형식은 기본적인 프레젠테이션 형식 이외의 웹페이지, 문서, 소셜 등으로도 선택이 가능하다.

위와 같은 것을 선택한 후에 생성 버튼을 누르면 빠른 시간 내에 프레젠테이션이 생성된다. 그 다음 항목별로 직접 수정이 가능한데 글씨 크기를 조정할 수 있고 내용이나 사진 등도 수정이 가능하다. 이러한 수정 작업이 완료가 되면 맨 위 상단 부분에 공유 버튼을 눌러 링크 복사를 통해 모든 사용자에게 공유할 수도 있고 내보내기를 통해 PDF 파일로 내보내기, PowerPoint로 내보내기, PNG로 내보내기도 할 수 있다. 일부 시각 효과는 PDF, PowerPoint 파일 형식을 지원하지 않는다. 그라데이션 텍스트, 불투명 유리 효과 배경, 사용자 지정 강조 이미지 도형은 대체 스타일이 적용될 수 있다.

또한 파워포인트 MS 코파일럿에는 특정 주제로 프레젠테이션을 생성하는 기능과 워드 문서를 바탕으로 프레젠테이션을 생성하는 기능이 있다. 프롬프트 창에 주제 및 내용을 적어 프레젠테이션 만들기를 요청하게 되면 입력한 정보를 바탕으로 프레젠테이션 초안을 만들어 주는데 이때 한글과 영어가 혼재된 발표 자료를 생성하는 문제가 발생되어 워드 문서에 프롬프트에 발표할 내용을 붙여 넣고 워드 문서를 바탕으로 프레젠테이션을 생성하도록 요청한다. 원드라이브 홈페이지에서 마이크로소프트 계정으로 로그인하여 업로드를 마친 후에 워드 문서를 마우스 우 클릭하여 공유와 링크 복사를 클릭해 문서 링크를 복사한다. 문서 링크를 복사하여 프롬프트에 프레젠테이션 생성을 요청했다면 프로포절 관련 프레젠테이션을 생성된 것을 확인할 수 있다.

프리젠테이션 목차 사례

4

면접·현장심사
예상 질문 및 답변 만들기

AI 기반 예상 질문 및 답변 전략

　면접·현장심사 예상 질문과 답변을 미리 준비하는 이유는 단순히 시험 공부처럼 외워두기 위함이 아니라, 사업의 핵심을 명확히 이해하고 논리적으로 소통하기 위한 준비과정이기 때문이다. 다음과 같은 이유로 면접 및 현상심사 예상 질문 및 답변을 준비하는 것이다. 심사위원들은 단순히 문서 내용만 보는 것이 아니기 때문에 "이 기관이 실제로 이 사업을 실행할 수 있는가?", "사업의 철학과 현장의 일치성이 있는가?" 등을 확인하는 것인데 예상 질문을 준비한다는 건, 곧 '심사위원의 관점'을 미리 파악하는 과정이다.

　두 번째는 현장심사나 면접심사에서는 여러 사람이 질문하고, 짧은 시간에 대답해야 하는데 준비가 안 되어 있으면, 핵심이 흐려지거나 말이 길어져 신뢰도가 떨어진다. 핵심 키워드 중심의 짧고 명확한 답변을 미리 연습한다면 발표 내용과 답변의 일관성이 높아지고 기관의 방향성(비전)이 뚜렷하게 전달된다. 세 번째는 위험을 사전에 차단하기 위해서이다. 심사위원들은 사업의 '약점'을 파고드는 질문을 자주 하게 되는데 이런 질문에 논리적으로 답할 준비가 되어 있으면, 위험 요소(불안 요소)가 줄어들고, "이 기관은 준비되어 있다."는 신뢰감을 준다.

네 번째는 팀워크와 조직 준비도를 드러내기 위함이다. 예상 질문을 중심으로 역할 분담 리허설을 하면, 팀 전체가 한 목소리를 낼 수 있고 "조직적으로 준비된 기관"이라는 인상을 준다. 마지막 다섯 번째는 실제 심사 현장에서 긴장 완화 효과를 주기 때문이다. 사전 질문·답변 시뮬레이션을 여러 번 하면, 현장에서 갑작스러운 질문에도 자신 있게 응답할 수 있고 이는 발표자의 긴장 완화와 자연스러운 태도 유지에도 큰 도움이 된다. ChatGPT, Gemini, CLOVA X 등을 통해 "시설거주 장애인 청소년·청년의 자립을 위한 통합지원 사업" 면접 과정에서 예상되는 질문과 답변을 입력한다.

면접심사이든, 현장심사이든 프로포절에 대한 심사위원들의 질문은 다양하게 있다. 질문을 하는 것은 심사위원들이 서류 내용을 한 번 더 확인하고 좀 더 이해하기 위해 몇 가지 질문들을 하거나, 사업내용이 다소 부족하다고 생각되어 적절한 질문을 통해 보완하려고 하기 때문이다. 준비되지 않은 채 면접심사 및 현장심사에 참여하게 되면 긴장감이 고조될 뿐만 아니라 엉뚱한 답변으로 인하여 결국 탈락할 수도 있다. 면접심사 및 현장심사 과정에 참여하려면 충분한 준비가 되어야 결국 긴장감 없이 자신 있게 답변을 할 수 있다.

먼저 면접심사 및 현장심사 시 심사위원들이 질문할 것을 예상해 보는 것이 좋은데 보통 기존 작성하고 제출한 사업내용에 대해 질문을 하는 만큼 계획서 내용 중심으로 예상 질문지를 만들어보고 그에 맞는 적절한 답변을 만들도록 한다. 심사위원의 입장에서 어떠한 질문을 할 것인지에 대해 ChatGPT, Gemini 등을 통해 예상 질문을 받고 질문에 맞는 적절한 답변을 만들다보면 담당자는 기획한 프로포절에 대한 전체적인 내용을 충분히 숙지하게 되어 자신감 넘치는 면접심사 및 현장심사가 될 수 있다.

프롬프트

너는 프로포절을 작성하는 사회복지사야. 시설거주 장애인 청소년·청년의 자립을 위한 통합지원 사업 서류심사에 통과되어 면접 과정에 참여하게 되었는데 예상되는 다양한 질문과 답변을 자세히 설명해줘.

Q: "이 사업의 필요성을 구체적으로 설명해주세요."
A: "시설 거주 장애 청소년·청년은 장기 거주율 70%, 퇴소 후 재입소율 40%라는 구조적 문제에 직면해 있습니다. 특히 「장애인복지법」 개정 안이 시행되더라도, 장애인거주시설 거주자는 여전히 충분히 훈련 받지 못해 자립을 하지 못하거나 자립을 하기 위해 시설에서 퇴소하여 자립을 하게 되더라도 결국 실패하여 다시 시설로 돌아와야 하지만 퇴소하게 되어 시설에 재입소를 할 수 없어 오로지 장애인과 장애인 가족에게 큰 피해를 주고 있습니다. 이에 따라 주거 불안정, 직업 훈련 부족, 사회적 고립 등의 문제가 발생합니다. 이러한 제도적 공백을 메우고, 자립 역량 강화와 지역사회 통합을 목표로 합니다. 예를 들어, 대구시 청소년 자립 지원관은 주거+직업 통합 프로그램으로 85%의 자립 성공률을 달성한 바 있습니다."
Q: "1차년, 2차년, 3차년 사업의 구체적인 목표와 활동은 무엇인가요?"
A: 1차년(안정화): 파일럿 프로그램 운영 (6명 대상), 자립 욕구 조사, 인프라 구축
   - 2차년(활성화): 참여 규모 확대(12명), 직업 훈련→정규직 연계, 지역사회 협력 네트워크 강화

AI 기반 예상 질문 및 답변 사례

AI 도구를 통해 예상 질문지를 받고 예상 질문에 대한 답변을 직접 해봄으로써 면접에 참여하는 담당자로서의 역량을 한층 더 향상 시키고, 기획한 사업에 대하여 깊은 성찰이 될 수 있도록 해야 한다는 것이다. 실제 면접과정에 참여하여 다음과 같은 질문이 있었고 질문에 맞는 적절한 답변을 하였다.

질문: 기존 자립 지원 사업과 차이점은 무엇인가요?

답변: 기존 체험홈(자립홈) 사업은 시설에서 퇴소하여 참여하는 형태인데 만약 자립 활동 시 여러 가지 어려움이 발생되어 체험홈(자립홈) 활동을 포기하게 되고 결국 참여한 장애인들에게 큰 피해를 경험하게 됩니다. 시설에서 퇴소하지 않고 꾸준히 자립 지원이 가능한 형태이며, 발달장애인을 너무나도 잘 알고 있는 수행인력의 추가 지원, 2명 별로 그룹으로 자립 지원주택 활동 참여, 예비 자립

장애인들과의 연합 프로그램 참여, 지역사회 내의 다양한 자원과 협력하여 본 사업을 진행한다는 점 등이 기본 사업과의 차별적인 부분입니다.

질문: 지원 예산 대비에 연도별 참여자 수가 적지 않나요?

답변: 단순히 계산해볼 때는 효율적인 측면에서 부족하다고 생각될 수 있다고 생각되어집니다. 그러나 청년 발달장애인들이 연도별 4명씩 자립 훈련을 받고 실제 자립까지 하게 된다면 위대한 사업의 성과라고 생각됩니다. 무엇보다 처음으로 진행되는 사업인 만큼 안정화되고 정착화된다면 보다 높은 성과가 기대됩니다.

질문: 커피, 그림, 도자기 등을 통해 구체적인 일자리 연계 방법이 무엇인가요?

답변: 자립에 대하여 일자리는 필수적인 활동입니다. 단순히 바리스타 교육에만 그치는 것이 아니라 커피 푸드트럭을 통한 커피 판매 활동, 장애인 카페에서 일자리 활동을 하는 것까지 일자리 연계 활동을 진행할 계획입니다. 단순히 그림을 그리는 것에만 그치는 것이 아니라 그림, 도자기를 직접 판매하여 수입 금액이 발생하거나 그림 및 도자기 작가 활동을 통해 작품을 제작하는 등의 일자리 연계 방안을 계획하고 있습니다.

PART 3

통과되는 프로포절 전략

Step 1

심사자 관점에서 다시 쓰기

1

심사자의 눈길을 끄는
매력적인 사업명 작성하기

AI 기반 매력적인 사업명 작성 전략

짧은 심사 시간 가운데 모든 프로포절을 살펴보고 검토하는 것은 쉽지 않다. 더욱 신청기관이 머물고 있는 그 지역에 대한 경험이 없거나 지원하고자 하는 클라이언트에 대해 아무런 정보나 경험이 없는 심사위원일 경우 심도 있는 평가를 할 수 없다. 수많은 신청기관이 프로포절을 신청하게 되고 짧은 시간 내에 모든 신청기관의 프로포절을 심도 있게 살펴볼 수 없어서 프로포절의 앞부분을 먼저 살펴보고 혹여나 매력적으로 느껴지는 프로포절일 경우라고 생각되어질 때 프로포절의 뒷부분을 연결해서 살펴보게 된다.

프로포절의 앞부분이 무엇으로 구성되어 있는지 보면 대부분은 사업명이 맨 앞에 위치되어 있다. 사업명은 대상, 목적, 방법의 요소들이 표현되어 프로그램의 성격을 보다 명료하고 함축적으로 규정되어야 함에 따라서 사업명만 봐도 뒷부분에 작성된 세부적인 프로그램을 알 수 있게 된다. 수많은 프로포절을 신청하는 관계로 모든 사업 계획서 내용을 살펴보지 않고 오직 사업명으로 전체적인 프로그램의 성격과 내용을 판단하게 됨에 따라서 매력적인 부제와 약칭까지 잘 연결되어서 작성한다면 더욱 매력적인 사업으로 표현이 되어 결국 선정되는 것까지 자연스럽게 연결된다.

　프로포절에서 사업명은 때론 첫인상으로 느낄 수 있다. 심사위원이 수십 개의 제안서를 읽을 때 사업명에서 핵심 메시지와 감동이 동시에 전해져야 읽고 싶게 만드는 힘이 생긴다. 즉, 정책적 타당성, 정서적 공감, 실행의 구체성이 함께 담긴 이름이야말로 매력적인 사업명이다. 그래서 사회복지 현장에서 심사위원의 눈길을 끄는 사업명 작성법 5단계를 설명하고자 하는데 첫 번째 단계로서 핵심 키워드를 명확히 추출하는 것이다. "시설 거주 장애 청년의 지역사회 자립 지원"처럼 대상, 핵심 행동, 결과의 3요소를 뽑아내며, 이 부분을 압축해서 "자립", "전환", "연결", "함께", "길", "날개", "한 걸음"처럼 감각적 키워드로 전환한다.

　두 번째 단계로서 의미 중심형 부분과 감성 중심형의 두 가지 성격 중 하나를 선택하여 진행한다. 의미 중심형은 정책 문서에 적합하고 명확, 간결, 전달력 중심으로 진행되는 것인데 "청년 장애인 자립통합지원 사업" 부분이 이에 속한다. 세 번째 단계로서 심사 포인트에 맞게 키워드를 매칭한다. 심사위원은 보통 네 가지의 관점으로 사업명을 무의식적으로 평가하게 된다. 함께, 통합, 지역, 연대라는 키워드는 공공성의 평가 포인트이며 사회적 가치를 강조한다. 새로움, 전환, 디딤돌, 브릿지 등은 혁신성의 평가 포인트이며 변화의 느낌을 전달한다. 성장, 진로, 역량 등은 성과성이라는 평가 포인트이며 결과 중심의 인상을 주며, 꿈, 내일, 희망 등은 감동성 평가의 포인트로서 인간적 공감을 유발한다. 마지막 세 번째 단계로서 2단어 위주로 압축하고 부제로 설명을 한다. 매력적인 사업명은 짧은 본제와 실적 부제 형태가 매우 효과적인데 청년 발달장애인의 자립을 위한 포용적 브릿지 통합지원 사업 "동그라미 마을" 등이 좋은 사업명이라고 이야기할 수 있다.

1. 시설거주 청년의 안전한 자립전환 통합지원 "한 걸음의 집"
2. 청년 발달장애인의 주거·직업·관계 연결 프로젝트 "함께 브릿지"
3. 체험홈 기반 자립 훈련으로 여는 자립의 길 "내일로 마을"
4. 도시농업 사회적협동조합 인큐베이터사업 "Safety Farm"
5. 교통 불편 지역 거주어르신의 복지·문화 소외감 완화를 위한 거점 중심의 찾아가는 이동복지서비스 "도란도란 꽃동네"
6. 청년 발달장애인의 자립을 위한 포용적 브릿지 통합지원 사업 "동그라미 마을"

AI기반 매력적인 사업명 사례

사업명을 작성할 때는 대상, 목적, 방법이라는 세 가지 요소가 필수로 작성됨으로써 전체적인 사업의 내용을 파악할 수 있어야 하며, 사업명과 연결된 부제 또한 매력적으로 작성한다. 수많은 자료를 검토할 수는 없으나 사업명으로서 전체 사업을 파악하고 사업 계획서의 뒷 내용까지 검토할 만큼 심사위원이 매력적으로 느낄 수 있는 사업명을 작성하도록 각별히 주의한다.

2

심사 기준 분석 후
AI로 전략 세우기

AI가 이해하는 구조화된 세부 전략 설계

적격심사 기준 여섯 가지 항목에 따라 ChatGPT, Gemini, CLOVA X 등을 통해 세부 전략을 세우고자 한다. 지원처별로 심사 기준과 내용은 상이할 수 있으나 각각의 심사 기준 항목들을 이해하고 기준에 맞는 세부 전략을 세워나가는 것이다. 심사 기준에 따른 세부 전략을 세울 때에는 신청기관에서 제출한 프로포절 내용인 모든 심사 기준에 해당되지 않거나 다소 부족하거나 일부 부분에서만 강점이 있을 수 있다. 단순히 강점과 약점을 이해하는 것에 그치는 것이 아니라 나타난 강점에 대해서 좀 더 강화시킬 수 있는 대안을 마련해야 하며 비록 약점이 있다면 약점을 보완할 수 있는 대안을 마련하여 제시해야 한다. 기획한 사업에 대하여 충분한 경험이 있다면 실행 경험만을 제시하는 것이 아니라 사업수행 시 나타난 결과 즉, 성과를 여러 측면에서 정리하여 수행기관으로서의 역량을 강조토록 한다. 사업수행 담당자가 신입이라서 다소 역량이 부족하다고 판단될 경우 시설 내의 슈퍼비전 지침을 구축한다던지, 지역 내 대학교 관련 학과 교수를 자문위원으로 위촉하여 좀 더 전문적으로 사업수행이 가능할 수 있는 대안을 제시한다.

구분	적격심사 기준	심사 포인트	세부 전략
1	지원처에서 제시한 선정 기준에 부합하는 사업인가?	○ 공모 주제(예: 자립, 지역사회통합, 청년 등)와 작성한 프로포절과 직접적인 관련성이 있는 부분이 있는가? ○ 사업의 주요 목적과 핵심 대상자가 명확히 작성되어 있는가? ○ 기관의 미션과 비전이 사업내용이 일관된 부분이 있는가?	○ 데이터 기반 근거 등을 지역 통계, 설문 조사 등을 활용해 문제의 시급성과 구체성을 입증하려는 전략 ○ SMART 원칙에 따라 목적을 명시화, 프로그램이 해결하려는 문제와 그 사회적 의미 연결 ○ 미션과 비전이 왜 해당 사업과 연관되는지를 1~2문장으로 설명

AI 기반 심사기준에 따른 세부 전략 사례

적격심사 과정은 매우 기초적인 단계인 만큼 지원처에서 제공한 공지문을 잘 살펴봄으로써 기초적인 부분을 놓쳐 공모사업에서 탈락되는 경우가 없도록 해야 한다. 프로그램 지원이 중심인데도 인건비를 지원 요청한다던지, 과하게 관리운영비를 책정하여 프로포절의 본연의 목적에서 벗어나 결국 탈락되는 수모를 겪지 않아야 한다. 적격심사는 매우 기본적인 부분을 확인하는 과정인 만큼 매우 신중하게 살펴보면서 준비한다.

구체적인 세부 전략을 세우기 전 프로포절 심사 시 고려하는 열 가지 사항은 다음과 같다.

실제 작성 예시 - AI 기반 프로포절 심사 시 고려하는 열 가지 항목 사례

AI 기반 심사 시 고려사항 열 가지

구분	평가 항목	평가 세부 내용
기관평가	신청기관의 신뢰성 부분	- 해당 기관/시설의 주요 사업 및 활동과 사업 운영 성과 - 지원 사업 수행 경험 및 결과(성과) - 조직 및 직원체계/이사회 및 운영위원회 구성 - 당해연도 신청기관의 예산(안) 및 전년도 사업 운영 결산서
사업평가	부합성	- 사업 목표가 대상자의 실제 욕구에 적절성을 갖도록 설계된 적절성 - 프로그램 설계가 공모 주제와 부합성을 갖추었음을 데이터로 입증 - 목적 및 목표 달성을 위한 적합한 프로그램 구성 정도 - 핵심 참여자와 선정기준에 대한 신뢰성 정도

(출처: 신덕상·서문지희·권정언(2020). 사회복지 프로그램 개발과 프로포절 작성의 실제)

프로포절의 심사 기준은 지원처별로 상이하다. 명확하게 제시되지 않았지만 그래도 프로포절 심사 시 고려하는 열 가지의 사항을 살펴보면서 각자 작성한 프로포절을 내부적으로 평가해보고 좀 더 보완하는 작업이 절대적으로 필요하다. 앞에서 언급한 것처럼 부족한 부분은 좀 더 개선하는 방향으로, 감정은 좀 더 강화하는 차원으로 작성해야 한다. 지역사회에 다양한 협력 기관을 강조하고 실제 함께 협력 사업을 수행한 결과 등을 강조한다던지, 지역사회의 다양한 인적자원 및 물적 자원을 활용하여 사업을 수행한다는 차원에서 ○○시 물듦교육예술문화협동조합과 업무 협약을 맺어 전문 강사 연계 및 프로그램을 진행할 수 있는 거점센터 활용 부분을 강조한다.

프로포절 심사 시 고려사항 열 가지를 가지고 ChatGPT나 Gemini 등을 통해 세부 전략을 세우고자 한다.

실제 작성 예시 - AI 기반 프로포절 심사 시 고려 사항 열 가지 세부 전략 수립 사례

구분	평가 항목	평가 세부 전략
기관평가	신뢰성	○ 과거 실적 제시: 유사 사업 성공사례(예: "대구시 청소년자립 지원관 프로그램으로 85% 자립 성공률 달성") ○ 협력 기관 신뢰성: MOU 체결된 기관(대학, 기업, 지자체)의 공신력 강조 (예: "○○대학교 사회복지학과와 협력해 전문적 직업 훈련 제공")
사업평가	적합성	○ 시설 거주 장애인의 시급한 문제와 프로그램의 적절성 연결 ○ 문제점 강조: "주거 불안정(70% 장기 거주), 직업 미연계(취업률 15%)로 인한 사회적 고립"
기타평가	홍보노력 지역자원 활용	○ 지역사회와의 협력과 적극적 홍보 계획 수립 ○ 홍보 채널: SNS, 지역 언론, 협력 기관 홈페이지 활용, "장애인-비장애인 함께하는 마을 축제" 개최 ○ 지역 자원 활용: 지역 기업의 인턴십 기회 제공, 사회복지학과 학생 멘토링 참여 등

프로포절 심사 시 고려사항 열 가지를 가지고 세부 전략을 세울 때는 몇 가지 주의해야 할 사항이 있다. 신뢰성 부분을 작성할 때는 오래된 통계나 출처 불명의 자료 사용은 심사에서 부정적 영향을 줄 수 있음으로 최신 자료를 제시하여 신뢰도를 높인다. 사업 수행능력 부분에서는 유사 사업이 경험이 있다고 하여도 세부 성과를 제시하지 않았다면 도리어 신뢰도가 떨어질 수 있어서 이전 사업수행 결과에 대한 정량적 성과를 분명하게 제시한다.

도심 지역에 농촌형 프로그램을 제안하거나, 청소년 대상 프로그램에 고령자 참여율을 높이는 전략은 부적합하다고 판단될 수 있어서 지역 인구 통계 및 기존 서비스 현황을 분석해 지원 대상자의 욕구와 현황을 정확히 반영한다. 예산이나 사업수행 일정이 비현실적이면 실행 불가능한 사업 계획이라고 평가받을 수 있기 때문에 현실적인 예산 편성과 실행 가능한 범위 내에서 세부 프로그램을 기획한다.

　자원 배분이 비효율적이면 사업의 효과성이 떨어질 수 있는데 어느 한쪽에 예산과 인력 투입을 과도하게 배정하는 것을 지양해야 하며, 단계별로 필요 자원을 적절하게 배분하고 외부 협력 기관과의 명확한 역할 분담을 통해 자원 활용도를 높인다. 프로포절을 통해 지원처와 지원 사업에 대한 적절한 홍보가 이뤄져야 함에도 지원 대상자 모집과 상관없는 홍보 전략을 세우는 것을 주의해야 한다. SNS 홍보만 강조하고 지역 내 전통 매체나 커뮤니티 게시판 활용을 배제하면 고령층 참여가 어려운 상황이 발생됨으로 지원 대상자에 맞는 다양한 채널 홍보 전략을 수립한다.

3

지원처 특성 분석 후
맞춤 작성하기

AI 기반 지원처 맞춤 작성 전략

프로포절을 통해 지원하는 지원처는 보통 공공기관과 민간기관으로 나눌 수 있다. 공공기관은 국가의 감독 아래 일반 사회의 여러 사람들과 관계 있는 일들을 처리하는 기관으로서 경기도청, 서울시청, 보건복지부, 지자체 등에 이에 속한다. 이러한 공공기관도 공모사업을 진행하는데 사업 운영에 대한 사업비 및 운영비를 지원하거나 프로그램 및 차량지원, 환경개선사업 등이 포함된 기능보강사업 등으로 지원하기도 한다. 지자체마다 특화된 공모사업이 있으며 지자체 고시 공고란을 확인하면 지자체별로 진행되는 공모사업을 확인할 수 있다. 그런데 공공기관에서 진행하는 공모사업은 민간기관에서 하는 공모사업과 다르게 제출하는 계획서 등의 페이지 수가 적은 편인데, 민간기관과 비교해 보았을 때 제출하는 페이지가 적은 이유는 핵심적인 내용 중심으로 작성해야 하기 때문이다.

공공기관에서 진행하는 공모사업인 경우에는 제출하고자 하는 내용을 어떻게 핵심적인 내용으로 구성해야 할지 고민하면서 중요한 내용을 중심으로 간결하게 작성하려고 노력한다. 때론 공공기관 담당자가 사회복지에 대한 경험이 부족해 제출한 프로포절에 대해 이해가 적을 수 있어서 계획서 이외의 별도의 첨부서류 등을 준비하여 제출하는 것이 좋다. 지자체에서 진행하는 프로포절인 경우에는 사업의 필요성을 설명할 때 지역사회의 현황 소개를 강조하기보다는 신청기관 내 사례를 더 강조하는 것이 좋다.

지자체 지원 사업인 경우 일반적인 데이터를 제시하는 것보다 신청기관의 지원 대상자에 대한 실제 사례를 소개하게 되면 지원의 필요성 부분이 더욱 강조되며, 공공기관 담당자가 프로포절의 내용을 제대로 이해하지 못한다면 프로포절 내용과 관련된 근거 서류를 첨부하여 객관적인 설명이 가능토록 해야 한다. 공공기관의 프로포절은 민간기관의 프로포절과 다르게 핵심적인 내용으로 프로포절을 구성해야 하는 특징을 가지고 있어서 프로포절 작성 전 충분히 초안을 작성하고 초안에 맞게 핵심 내용 중심으로 작성한다. 사업의 필요성 부분을 구체적으로 설명하기보다는 객관적인 자료를 바탕으로 사업의 필요성 부분을 간단히 작성한다.

공공기관과 다르게 민간기관의 공모사업은 다양한 형태로 진행되는데 각 기업에서 전문적인 사업 운영을 위한 재단을 설립하여 운영되는 경우가 커서 각 민간 재단마다 지원하는 주요 대상과 주요 지원 내용 등을 미리 파악하게 된다면 보다 쉽게 선정될 확률이 높아진다. 민간기관의 공모사업인 경우 재단별 비전과 미션 등을 충분히 이해하는 것이 중요한데 각 재단별 홈페이지를 통해 재단만의 비전과 미션을 이해하여 프로포절 안에 자연스럽게 적용시켜야 한다.

결국은 재단마다 각자의 비전과 미션을 수행할 기관들을 찾기 때문에 도리어 신청기관에서는 재단이 원하는 비전 및 미션, 사업의 방향 등을 신속히 파악하여 프로포절 안에 담아낸다면 보다 원활하게 선정될 수 있다. 민간기관은 매년마다 동일한 주제로 공모사업을 진행하기 때문에 홈페이지에 게시된 최대 5년의 선정된 기관과 선정된 사업명을 통해 지원처가 원하고 해결하기 바라는 비전 및 미션을 찾음으로써 보다 쉽게 선정될 수 있도록 한다. 각각의 민간기관마다 개별적인 지원 특성들이 있다는 것은 특화사업들이 있다는 사실이다. 신청기관은 이러한 특징을 고려하여 지원처의 특징을 우선 정리하고 지원처에 맞는 프로포절 작성이 매우 필요하다.

민간기관별로 지원의 특징이 다르다는 것이다. 특정 대상과 지원 내용이 각 지원처별로 특화되어 있어서 지원처가 어느 대상자에게, 어느 내용으로 지원하고자 하는지 파악하는 것이 매우 중요하다. 아모레퍼시픽공감재단은 여성 이용 시설 및 비영리 여성 단체 등을 주로 지원하고 아이들과 미래는 아동 중심으로 지원한다. 행복나눔재단은 시각장애, 지체 및 뇌병변 장애 등의 다양한 사업을 지원하고 있고 아산사회복지재단은 정신장애인 및 사회적 고립계층 지원 사업, 소외 아동 및 청소년 지원 사업, 발달장애 지원 사업 등 각각의 민간기관별로 특화된 사업들을 운영하고 있어서 신청기관의 역할과 비전 등 맞는 지원처를 선별하여 집중적으로 신청하는 것도 프로포절 전략 중에 하나이다.

프로포절을 작성할 때 지원처(공공기관/민간기관)의 특성을 이해하고 그에 맞는 세부전략을 수립하는 것은 선정 성공률을 높이는 핵심 요소이다. 각 기관의 목적, 평가 기준, 자원 활용 방식이 다르기 때문에, 지원처의 요구사항에 맞춰 프로포절의 내용을 조정해야 한다.

구분	공공기관(정부/지자체)	민간기관(비영리단체, 재단 등)
목적	법적·정책적 목표 달성	사회적 가치 창출, 혁신적 솔루션 제공
평가 기준	법적 요건 충족, 예산 투명성, 공공성	창의성, 지역사회 영향력, 지속가능성
자원 활용	정부 예산, 공공 인프라	민간 후원금, 협력 네트워크, 혁신 기술
위험 관리	규정 준수, 행정적 안정성	유연성, 시장 반응, 수익 모델

민간기관에 맞는 세부 전략은 다음과 같다. 첫 번째는 창의성과 혁신성을 강조하는 것으로 AI, 디지털 플랫폼 등 혁신 기술을 활용한 프로그램 설계를 강조하는 것처럼 기존 형태에서 좀 더 다른 창의적인 부분을 강조토록 한다. 두 번째는 지역사회 기여와 지속가능성 부분인데 민간기관은 사회적 영향력과 지속가능성을 중시하므로, 지역사회 협력과 수익 모델을 강조한다. 마지막 세 번째는 유연한 실행 계획을 수립하는 것인데 민간기관은 빠른 의사결정과 유연한 실행이 가능하므로, 단계적 확장 계획을 제시한다.

공공기관에 맞는 세부 전략

공공기관에 맞는 세부 전략은 다음과 같다. 첫 번째로 법적·정책적 근거를 강화시켜야 하는데 장애인복지법, 사회서비스기본법 등 관련 법령을 명시하고, 정책적 필요성을 강조하는 것이 필요하다. 두 번째는 예산 사용의 투명성 및 공공성을 강조하는 것으로 예산 배분을 세부 항목별로 명확히 제시하고, 공공 자원 활용 계획을 포함시킨다. 마지막 세 번째로는 행정적 절차를 준수하는 것으로 MOU, 협약서, 개인정보 처리 방침 등 행정적 요건을 철저히 준수한다.

지원처의 특성에 맞는 세부전략을 수립하지 않으면, 공공기관에는 "혁신성 부족"으로, 민간기관에는 "정책적 근거 미흡"으로 평가받아 탈락할 수 있다. 따라서 프로포절 작성 전 지원처의 공모 안내를 꼼꼼히 분석하고, 해당 기관의 미션, 예산 구조, 평가 기준에 맞춰 내용을 조정하게 되면 선정 가능성을 극대화할 수 있다. ChatGPT, Gemini, CLOVA X 등을 통해 각 지원 별로 주요 지원 대상과 최근 지원 사업이 무엇인지 물어봄으로써 지원처에 맞는 전략을 수립한다.

프로포절을 작성할 때 지원처(공공기관/민간기관)의 특성을 이해하고 그에 맞는 세부전략을 수립할 때 주의해야 할 부분은 먼저 지원기관별로 성공적인 프로포절 전략을 수립하는 것이다. 공공기관이나 민간기관은 최근 정책과 트렌드를 반영토록 하는데 특별히 EGS 경영 등이 트렌드로 여겨지는 만큼 프로포절 내에 이와 같은 트렌트를 적용하는 세부 전략을 수립해야 한다. 공공기관은 법적 타당성을 고려하면서 지역사회에 기여할 수 있는 세부 전략을 수립토록 하며, 민간기관은 기존 프로그램과 유사한 내용을 제시하면 경쟁력이 떨어지는 만큼 혁신성과 차별화 전략을 수립한다. AI 활용 맞춤형 서비스처럼 최근 기술 혁신이나 새로운 접근법들이 나타나는 만큼 기존과 다른 새로운 전략을 수립하는 것인데 공공 데이터를 기반으로 하는 구체적인 계획이 수립되어야 하며 최신의 트렌드를 반영한 세부 전략을 수립하는 노력도 함께 필요하다.

4

간결하고 설득력 있게
요약하기

간결하고 설득력 있게 요약해야 하는 이유

프로포절을 간결하고 설득력 있게 요약해야 하는 이유는 다음과 같다. 이것은 심사위원의 시간과 관심을 효율적으로 활용하고 프로그램의 핵심 가치를 명확하게 전달할 수 있기 때문이다. 첫 번째는 지원처의 심사위원은 수많은 프로포절을 검토하고 평가해야 하기 때문에 길게 쓰인 프로포절은 도리어 핵심 내용을 놓치게 만든다. 시설 거주 장애 청소년의 40% 재입소율 문제를 해결하기 위한 통합지원 프로그램처럼 핵심 키워드와 간결한 문장으로 주요 메시지를 압축토록 한다. 핵심 키워드와 간결한 문장으로 주요 메시지를 압축하는 방법 중 1단계로서 프로포절의 주요 섹션(필요성, 목표, 프로그램, 예산, 평가)을 분석해 반복되는 단어와 핵심 개념을 추출한다. 필요성 부분을 장기 거주율 70%, 재입소율 40%, 주거 불안정으로, 목표 부분에는 자립 성공률 60%, 취업률 50%, 정착률 70%로, 프로그램은 AI 기반 코칭, 인턴십 연계, 공공임대주택 등으로 핵심 개념을 추출한다.

2단계로서 SWOT 분석이나 마인드맵을 활용해 키워드의 연관성을 시각화한다. 강점은 AI 기술, 지역사회 협력, 약점은 예산 부족, 참여 저조 위험, 기회는 정부 지원 확대, 민간 후원 유치, 위협은 정책 변화, 협력 기관 이탈로서 키워드의 연광성을 시각화한다. 이와 같이 1~2단계를 걸쳐 핵심 키워드를 추출한다. 간결한 문장 구조를 작성하는것인데 먼저 Active Voice 사용하여 수동형인 "주거 지원이 제공될 예정이다." 부분을 능동형 "우리는 주거 지원을 제공한다."로 수정하고 주어와 동사를 중심으로 문장 구조를 작성한다. 예를 들어서 장황한 문장인 "시설 거주 장애 청소년의 자립을 지원하기 위해 우리는 다양한 프로그램을 운영하고 있다."를 간결한 문장인 "우리는 시설 거주 장애 청소년의 자립을 위해 직업 훈련, 주거 지원, 정서적 지원 프로그램을 운영한다."로 주어와 동사 중심인 간결한 문장으로 수정한다. 때에 따라서는 불필요한 수식어를 제거해야 하는데 "매우 중요한" 부분을 "중요한"으로 "상당히 높은" 부분을 "높은"으로 수정한다.

두 번째는 복잡한 내용은 심사위원의 이해를 방해하기도 하고 어렵게 만들기도 한다. 이러한 문제를 해결하기 위해서는 문제, 필요성, 목표, 프로그램, 예산, 평가의 단계적 구조를 유지하면서 프로포절을 작성한다. 각 섹션들은 한 문장 요약으로 시작해 세부 내용을 덧붙이는데 여러 이야기가 담겨진 필요성을 작성할 때 한 문장으로 요약된 소제목 아래에 5줄 이내의 세부 내용을 덧붙이는 형태를 유지한다. 세 번째는 추상적인 주장과 감정 섞인 이야기는 때론 신뢰도를 떨어뜨릴 수 있다. 통계, 성공사례, 전문가 의견 등의 객관적인 자료를 바탕으로 구체화 시키려는 노력이 필요하다. 한 사회복지 시설이 "장애인의 사회적 고립 문제가 심각하다."며 예산 지원을 요청했으나, 통계나 연구 결과 없이 "많은 이들이 고통 받고 있다."는 감정적 호소에 의존하였다. 결국 구체적인 데이터가 없다는 이유로 프로그램의 필요성을 인정하지 않았고 예산 지원이 거부되기도 한다. "많은 이들"은 추상적인 표현으로서 신뢰할 수 없는 주장으로 비춰질 수 있으며 "고통받고 있다."는 감정적 언어는 객관성을 떨어뜨린다.

어느 한 사회복지시설에서 "청년 자립 프로그램이 중요하다."며 예산을 요청했지만, 예산 배분 계획이나 협력 기관 역할을 구체적으로 설명하지 않았다. "이 프로그램은 정말 중요하다."라고 이야기하였지만 근거 없는 강조로 실행 가능성을 의심받게 되었다. 심사 결과 심사위원은 "중요하다."는 주장만으로 현실성을 판단할 수 없게 되어서 결국 탈락하게 되었다. "중요하다."는 주관적 표현이며 근거 없는 주장이며 실행 계획이 누락되면 준비 부족으로 인식된다. 어느 한 장애인복지관은 한 스타트업이 "AI로 장애인 자립을 혁신하겠다."며 프로포절을 제출했지만, AI 활용 방안을 구체화하지 않고 "최신 기술로 해결 가능하다."는 막연한 주장만 했다. "혁신적이다."는 추상적인 표현이면서 과장된 주장으로 비춰질 수 있고 기술 적용 계획이 없으면 실현 불가능한 아이디어로 평가되기 때문에 심사위원은 기술적 실현 가능성을 의심하고 결국 탈락되었다.

마지막 네 번째는 AI 도구를 활용해 데이터를 분석하고 구조를 정리함으로서 효율성을 극대화시킨다. ChatGPT로 프로그램 목표나 예산 배분 초안을 작성하거나 Tableau로 참여 규모와 성과 지표를 시각화한 인포그래픽을 제작한다. 앞서 작성한 청년 발달장애인의 자립을 위한 포용적 브릿지 통합지원 사업 "동그라미 마을" 사업과 관련하여 ChatGPT, Gemini, CLOVA X 등을 통해 페이지 한 장짜리로 요약해 본다.

ChatGPT나 CLOVA X 등을 통해 요약된 한 페이지는 면접심사 및 현장

심사시 필요한 프레젠테이션 제작에 기본 자료로 활용될 수 있을뿐더러 프로포절을 작성한 담당자 입장에서도 명확히 기획한 사업으로 정리될 수 있게 된다. 프로포절을 간결하고 설득력 있게 요약할 때 주의할 부분은 먼저 모든 내용을 담으려다 보면 계획서 내용이 길어지고 초점이 흐려질 수 있어서 초안을 근거하여 핵심 요소 중심으로 간결하게 작성한다. 추상적인 표현보다는 데이터 기반의 구체적 수치를 활용토록 하며 복잡한 단계나 설명은 프로포절의 가독성을 떨어뜨릴 수 있음으로 논리적 흐름을 단순화시킨다.

긴 문장과 전문 용어는 때론 피로감을 줄 수 있음으로 시각적 요소와 간결한 표현을 할 수 있도록 하며 유사 프로그램과의 차이점을 길게 서술하기보다는 비교표 등을 통해 차별점을 설명하거나 복잡한 설명은 생략, 추상적 목표 설명보다는 구체화, 긴 문장 보다는 핵심 키워드 중심으로 짧게 끊어 작성하는 등 지원처와 심사위원들이 이해하기 쉽게 간결하면서 요약 중심으로 작성한다. 사업의 필요성 부분을 설명할 때 감정적인 표현보다는 객관적인 자료를 바탕으로 요약된 내용을 설명토록 하고, 지원처에 이야기하자 하는 핵심 메시지를 소제목으로 두고 소제목에 맞는 내용을 4~5줄 내로 작성하며, 강조하고 싶은 부분은 진한 글씨체나 밑줄을 긋도록 한다. 작성자의 입장에서 작성하는 것이 아니라 계획서를 살펴보는 지원처와 심사위원의 입장에서 작성해야 함을 늘 잊지 말아야한다.

5

—

반복을 피하고
가독성 높이는 AI 활용법

AI 기반 프로포절의 가독성 높이는 전략

사회복지 프로포절 작성 시 반복을 피하고 가독성을 높이는 것은 심사위원의 이해도와 관심을 유지하기 위해 매우 중요하나. 여기서 가독성이 왜 중요하냐면 먼저 심사위원의 시간과 관심을 확보할 수 있기 때문이다. 심사위원은 수많은 프로포절을 검토하고 평가해야 하는데 복잡하거나 반복적인 내용은 피로감이 더해져서 핵심 메시지를 놓치거나 결국 프로포절을 심도 있게 살펴보지 않는다. 간결한 문장과 명확한 구조는 심사위원이 필요성, 목표, 프로그램, 예산, 평가 등의 핵심 정보를 빠르게 파악하도록 도와준다.

두 번째는 반복되는 표현이나 불필요한 수식어는 준비 부족이나 무성의함으로 비춰질 수 있어서 데이터와 사례를 기반으로 한 직접적이고 명확한 언어는 프로그램의 현실성과 전문성을 강조토록 한다. 세 번째는 반복을 줄이면 핵심 키워드(예: "주거 지원", "AI 기반 코칭", "재입소율 40%")가 돋보여 프로그램의 차별화 포인트를 명확히 전달하여 프로포절의 핵심적인 포인트를 알 수 있게 한다. 반복을 피하고 가독성을 높이는 구체적인 방법은 다음과 같다. 먼저 필요성, 목표, 프로그램, 예산, 평가 순으로 부분을 명확히 구분하고 각 부분 내에서 반복되는 내용을 최소화한다. 두 번째는 "주거 지원" 부분을 "공공임대주택", "자립 주택 운영" 등으로 구체화 시키거나 "직업 훈련"을 "인턴십 프로그램", "일자리 커리어 코칭" 등으로 표현을 변경하는 등 동일한 개념을 반복하지 않고 동의어나 약어를 활용해 다양화시킨다.

가독성을 높이는 전략 중에 추가적으로 복잡한 문장인 "시설 거주 장애 청소년의 자립을 지원하기 위해 다양한 프로그램을 운영하고 있다." 부분을 "시설 거주 장애 청소년의 자립을 위해 직업 훈련, 주거 지원, 정서적 지원 프로그램을 운영한다."로 명확한 문장을 사용한다. 수동형태인 "주거 지원이 제공될 예정이다."라는 표현을 "우리는 주거 지원을 제공한다."로 능동형태로 표현을 강조하거나 굵은 글씨, 이탤릭체, 색상 등을 사용해 핵심 용어를 시각적으로 부각하여 핵심 키워드를 강조토록 한다. 필요성 부분에서 프로포절 담당자가 강조하고 싶은 부분 등에 빨간색으로 수정하거나 굵은 글씨 등으로 변경하는 것도 핵심 키워드를 강조하는 형태이다.

이러한 어떠한 AI 도구를 활용하여 반복을 피하고 가독성을 높일 수 있는 방법을 CLOVA X에게 질문을 한다.

1. Grammarly: 반복되는 단어 및 문법 오류 수정
2. ChatGPT: 문장 재구성 및 간결화
3. Hemingway Editor: 복잡한 문장 단순화
4. Wordtune: 자연스러운 문장 흐름 개선

프로포절의 반복을 피하고 가독성을 피하기 위해서는 무질서한 구조는 심사위원이 핵심을 놓칠 수 있기 때문에 문제정의, 목표, 방법, 예산, 기대효과 순으로 구분하여 구조적으로 작성토록 하며, 같은 단어를 반복하여 지루함을 유발시키지 않도록 한다. 긴 문장은 집중력이 떨어질 수 있기에 때론 표 등을 활용하여 시각화시키고, 정확한 문장보자는 20자~30자 내외로 문장의 길이를 조절토록 한다. 프로포절 항목별 중복 정보를 반복하년 신뢰도가 떨어질 수 있어서 한 부분에서는 자세히 설명하고 다른 부분에서는 간단히 언급할 정도로 작성토록 하며 복잡한 용어나 전문 용어는 이해를 방해할 수 있어서 심사위원의 입장에서 이해하기 쉬운 용어를 사용토록 한다. 너무 길게 텍스트 중심으로 작성하면 때론 지루하게 느낄 수 있어서 이미지나 도표를 삽입하는 등 시각적 요소도 함께 활용한다.

AI를 통한 가독성을 높이는 방법

6

현장 사례와
AI 생성 자료 조합하기

구체적이고 실현 가능한 계획 수립 전략

프로포절의 신뢰성, 실행 가능성, 창의성을 극대화하기 위해 현장 사례와 AI 생성 자료를 결합하는 것은 필수적인 부분이다. 사회복지 현장 사례는 실제 경험과 데이터를 기반으로 주관적 인사이트를 제공하며 AI 생성 자료는 대규모 데이터 분석을 통해 객관적인 패턴을 만들어낼 수 있다. 이러한 현장 사례의 구체성과 AI의 객관성을 결합해 균형 잡힌 필요성을 제시한다면 지원처에게 사업의 필요성을 강조할 수 있다. 현장 사례는 프로그램 설계에 있어 현실적 감각 및 센스를 적용시킬 수 있고 AI 생성 자료는 최적의 실행 방안을 제안을 한다. 이러한 현장 사례와 AI 생성 자료를 조합한다면 실용성과 효율성이 결합되어 구체적이고 실현 가능한 계획 수립이 가능하다.

현장 사례는 예상치 못한 문제를 사전에 파악할 수 있는 강점이 있고 AI 생성 자료는 잠재적 위험 요인을 분석하는 강점이 있다. 이러한 사회복지 현장의 경험과 AI의 예측력을 결합하면 철저한 위험 관리 체계가 구축된다. 현장 사례는 문제 해결을 위한 독창적 아이디어를 제공하며 AI 생성 자료는 기존 틀을 벗어난 혁신적 접근 방법을 제안하게 된다. 이러한 사회복지 현장의 창의성과 AI의 기술 혁신을 결합하게 된다면 차별적인 프로그램을 설계하며 창의성과 혁신성을 한층 더 증대시킬 수 있다. 현장 사례는 프로그램의 사회적 필요성을 감정적으로 더 깊게 전달하는 강점을 가지고 있고 AI 생성 자료는 데이터를 기반으로 하는 논리로 심사위원을 설득시키거나 공감시킬 수 있는 강점을 가지고 있다. 감정적 호소와 논리적 근거가 결합된다면 지원처의 심사위원의 마음을 움직이며 결국 매력적인 프로포절로 인식할 수 있다.

이와 같이 프로포절의 현실성과 창의성을 높이기 위해 현장 사례와 AI 생성 자료를 효과적으로 결합하는 방법을 단계별로 설명한다. 사회복지 현장의 사례를 설문조사 및 인터뷰를 통해 클라이언트의 욕구와 문제점을 파악하고 기존 진행되었던 프로그램 중 성공사례와 실패 사례를 통한 구체적인 대안을 만들어내고 프로그램 운영시 참여자들의 반응과 성과 등을 기록하는 등 현장 사례를 수집한다.

AI 도구를 활용하면서 생성 자료를 만들어내는 것인데 ChatGPT 및 CLOVA X를 통하여 아이디어 생성, 문서 초안 작성, 데이터 등을 분석한다. "발달장애인 자립을 위한 혁신적인 프로그램 아이디어 다섯 가지를 제시해줘."를 명령함으로써 아이디어를 생성하고 "프로그램 목표와 예산안을 작성해줘."라고 요청해 프로포절 등의 초안 생성하고 설문 응답을 텍스트로 입력해 주요 키워드를 추출함으로써 데이터 분석을 하도록 한다. 데이터 분석, 통계 모델링, 시각화에서 널리 사용되는 프로그래밍 언어인 Python/R 도구를 통하여 설문 데이터를 분석해 통계적 유의미성을 검증할 수 있다. 복잡한 데이터도 세련된 대시보드와 차트로 변환 가능한 Tableau와 사회복지 분야에서 구글 설문조사로 수집한 대상자 지원 만족도 데이터를 차트로 변환해 보고서 작성하는 것으로 활용하는 Google Data Studio 도구를 통하여 현장 데이터를 시각화하여 프로포절 안에 작성한다.

현장의 정보들과 AI 분석을 통해 자료를 결합토록 한다. 설문조사 결과를 AI 도구를 통해 분석하여 핵심 문제점을 도출하거나 AI가 생성한 프로그램 초안을 현장 사례에 맞춰 수정한다. 시설 거주 장애인의 재입소율 그래프(Tableau) 옆에 실제 참여자 인터뷰 장면을 삽입하여 현장 사진과 AI 생성 인포그래픽을 결합을 한다. 마지막 네 번째는 검증과 수정 부분인데 사회복지학과 교수나 현장 전문가에게 초안 검토를 요청하거나 참여자나 관련 가족에게 프로그램을 구체적으로 설명하고 공유하여 각각의 의견을 받기도 하며 여러 피드백을 반영해 AI 도구로 최종 문구를 다듬기도 한다.

구체적인 예시 "동그라미 마을" 사업

1. 필요성
   - 현장 사례: 시설 거주 장애인 70%가 10년 이상 장기 거주 (보건복지부, 2025)
   - AI 분석: 설문 결과, 참여자의 80%가 "주거 지원"을 최우선으로 요청 (MonkeyLearn 감정 분석 활용)

2. 목표
   - 현장 데이터: 1차년 자립 계획 수립률 80%, 3차년 정착률 60% 달성
   - AI 활용: ChatGPT로 "SMART 목표 설정 방법" 문의 후 구체화

3. 프로그램
  - 현장 아이디어: 참여자 인터뷰에서 "직업 훈련보다 실제 직장 체험이
    필요하다."는 의견 반영
  - AI 도구: 직업 훈련 커리큘럼 초안을 ChatGPT로 작성 후 대학 사회복지
    학과 검토

4. 예산
  - 현장 조사: 지자체 공공임대주택 지원 예산 3억 원 확보
  - AI 분석: 예산 배분 최적화를 위해 Python의 'SciPy'로 비용-효과 분석

5. 평가
  - 현장 피드백: 분기별 설문조사 실시
  - AI 모니터링: 참여자 진척도를 AI 시스템으로 실시간 추적

현장 사례와 AI 생성 자료를 결합할 시 현장 사례와 AI 생성 예측 데이터를 혼동하면 신뢰도가 떨어질 수 있음으로 데이터 출처를 명확히 구분토록 하며 AI 생성 데이터가 현실과 다를 수 있으므로 과도한 의존은 위험하며 여러 자료를 검토하여 확인한다. 현장 사례는 구체적이지만 AI 자료는 추상적일 수 있고 통합이 어려울 수 있어서 사회복지 현장 사례를 중심으로 AI 분석을 보완하는 스토리텔링 결합법을 활용한다.

AI 모델이 역사적 편향을 반영할 수 있어서 제공한 데이터의 다양성을 확인하고 편향적인 부분이 발견된다면 수정한다. AI는 개인정보를 보호하지 않기 때문에 현장 사례에서 개인정보를 익명화하여 개인정보를 보호토록 하며 AI 자료와 현장 사례를 동시로 제시하면 심사위원의 입장에서 연결점을 찾기 어려워서 현장 사례와 AI 자료를 결합한 결론을 제시한다.

7

AI로 성공과 실패 사례
분석하는 방법

성과와 한계를 새로운 전략 기회로 전환 전략

　어떤 이유든 간에 프로포절은 성공할 수도 있고 실패를 경험할 수 있다. 단순히 프로포절이 선정되어 기분이 좋을 수도 있겠지만 탈락되어 기분이 좋지 않을 때도 실패와 성공의 이유들을 잘 정리하고 추후 프로포절 작성에 잘 적용하여 또 다른 기회로 삼는 것이 전문가적인 기획자로서의 모습이다. 프로포절을 작성하는 가운데 성공의 요인을 발견할 수 있고 면접 과정에서 실패의 요인들을 발견할 수 있기 때문에 성공과 실패의 경험들에 대해 분석하고 성공과 실패의 요인을 잘 정리하여 추후 프로포절 작성시 적용함으로써 또 다른 성공의 기회를 만드는 것이다. ChatGPT, Gemini, CLOVA X 등을 통해 프로포절의 선정 요인과 탈락 요인을 요청하고 각각의 요인에 따른 구체적인 대안의 질문을 입력한다.

프로포절 선정 요인 및 성공사례의 핵심적인 특징

프로포절이 선정된 요인은 다양하다. 지역사회 통합돌봄 등과 같이 연계된 문제의 정의를 사용하고 현장의 목소리 중심의 통계 자료와 인터뷰 자료를 객관적으로 근거를 제시하여 지역사회의 문제나 정책 트렌드와 정확히 맞물렸을 때 프로포절이 선정될 확률이 매우 높아진다. 지역사회 문제만을 제시하는 것도 중요하지만 현재 관련 정책과 맞물려 지역사회의 문제를 객관적인 자료와 함께 연결해서 제시한다면 선정될 확률이 높아진다. 그러나 단순히 트렌트를 따라가는 것보다는 국가정책에 따른 트렌드가 지역사회에 아직 발생되지 않고 있거나 제시된 문제를 해결할 수 있는 역량이 갖추지 않는데 섣불리 접근하는 것은 지양해야 할 것이다.

프로포절의 중심은 클라이언트이다. 글라이언트의 실질적인 어려움을 객관적으로 제시하고 지원 사업을 통해 분명한 변화를 긍정적으로 제시하게 되면 프로포절이 선정될 확률이 높아진다. 단순히 지원받는 차원이 아니라, 수행기관의 역량 등이 강화되는 측면보다는 클라이언트가 놓인 상황과 환경 등을 변화시키는 대안을 제시하는 것이 매우 중요하며 지원받지 못해 겪게 되는 대상자의 어려움도 객관적으로 설명하는 것이 매우 중요하다. 기획자는 프로포절이 선정되었다고 기뻐하기 이전에 먼저 프로포절이 선정된 요인을 정확히 분석하여 차후 또 다른 기회로 삼아야 한다. 명확히 선정 요인을 알 수는 없겠지만 기획자는 그 요인들을 분석하여 알게 된 구체적인 요인들을 또 다른 프로포절에 적용시키거나 강화시키는 노력이 함께 필요하다.

프로포절 실패의 요인도 참 다양하다. 분명한 이유로 인해 실패의 요인을 알 수도 있겠지만 될 수 있을 것만 같았는데 당황스럽게도 탈락되는 경우도 참 많다. 예를 들어서 우리 지역사회가, 우리 지원 대상자가 제일 어렵고 힘들다는 감정적인 호소로 제시하였을 때는 결국 탈락되는 경우가 많다. 지원처의 입장에서는 명확한 근거를 제시하지 않으면 지역사회와 대상자의 현황 등을 명확히 이해할 수 없고 공감할 수 없다. 그래서 감정적인 호소보다는 가치적인 측면과 함께 설명할 수 있는 객관적인 근거를 우선 제시해야 한다. 어느 누구든 제시된 자료를 통해 지원해줘야겠다는 마음이 들 정도로 신청기관은 객관적인 자료를 통해 왜 이 사업이 필요한지를 설명해야 한다.

지원처는 사업의 분명한 목적에 맞게 효율적으로 운영할 수 있기를 바라지만 수행기관의 인력과 수행 역량이 적다고 판단되는 기관은 사업 선정의 기회를 줄 수가 없다. 신청기관 입장에서는 지원 사업을 자신있게 수행할 자신이 있겠지만 사업 수행 역량이 부족한 기관인 경우 절대 지원 기회를 주지 않는다. 아쉽지만 신청기관은 모든 지원 사업에 신청하기보다는 실제 사업을 운영할 수 있을지 현실적인 판단이 우선적으로 필요하다. 만약 정말 필요한 지원 사업인데 신청기관의 수행인력이 적다는 등 수행 역량이 부족하다고 판단되는 경우에는 지역사회 내에 있는 다양한 자원들과 협력하여 본 사업을 실행하겠다는 구체적인 대안이 필요하다. 그러나 신청기관의 역량이 매우 낮아서 협력기관의 수행 내용이 더 많다면 프로포절에서 탈락될 수 있으니 사업 규모에 맞게 신청기관의 역할과 협력기관의 역할을 분담해야 할 것이다.

프로포절의 중심은 클라이언트다. 또다시 이야기하자면 다른 지역사회의 클라이언트가 아니라 우리 지역사회에서 살고 있는 클라이언트가 프로포절의 핵심 참여자다. 이러한 대상자가 제대로 지원하기 위해서는 지원 대상자에 대해 너무나도 잘 알고 있어야 한다. 모든 대상자에 대해 다 알 수는 없겠지만 프로포절의 핵심 대상자를 최대한 이해하고 공감할 수 있도록 단순히 문헌 연구만 하지 말고 대상자분들을 직접 만나거나 상담하는 노력도 함께 필요하다. 기획자는 자기만의 경험만으로 핵심 참여자를 이해하려고 한다. 클라이언트의 깊이 있는 이야기를 알 수 없고, 대상자가 실제 필요한 부분을 전혀 알지 못한 채 AI를 통해서만 대상자를 이해하고 기획하는 실수를 범하지 않았으면 한다. 클라이언트가 빠진 소설 같은 내용이 있는 경우 실제 사업이 운영되기 보다는 실패를 볼 확률이 높은 만큼 기획자의 자리에서 앉아 면밀히 분석하여 대안을 제시하기보다 직접 찾는 기획자의 모습을 요청드린다. 그러한 기획자의 노력이 지원처에게 정확히 전달되며 결국 프로포절은 실패가 아닌 성공으로 이어질 것이다.

프로포절 선정과 실패를 통한 교훈 몇 가지

프로포절이 선정되거나 탈락이라는 경험을 통해 여러 가지 교훈들을 얻게 되는데 핵심 내용을 중심으로 총 다섯 가지를 설명하고자 한다. 향후 프로포절 작성 시 전략적인 대안과 교훈을 설명하고자 하는데 첫 번째는 지원처의 "핵심 키워드"를 분석한다. 매년 공모 지침에서 반복적으로 등장하는 단어(예: 자립, 돌봄, 통합, 지속가능성)를 중심으로 문장을 재구성하고 프로그램을 재설계토록 한다. 두 번째는 문제, 해결, 성과 구조로 프로포절을 설계토록 한다. 현재 클라이언트와 지역사회의 문제를 제시하고 그 문제와 어려움을 해결하는 개입방식을 언급하며 결국 클라이언트, 지역사회, 지원처까지 미치는 기대효과까지 논리적으로 연결할 수 있는 종합적인 대책 마련이 필요하다.

　세 번째는 단순 반복 사업이 아니라 지역 내외에 다양한 기관과 단체들을 어떻게 연결하고 연합하여 새로운 효과를 낼 것인지에 대한 차별성과 연계성 부분에 집중해야 한다. 한 기관이 어떠한 문제를 해결하고자 하는 방식보다는 각각의 자원을 소유한 지역사회 내외의 시설 및 단체들과 연합하여 통합적인 지원이 가능토록 해야 한다. 기존 방식에서 벗어나 좀 다른 시선과 관점, 특별히 지원처와 심사위원들까지의 입장까지 고려하면서 신청기관만의 차별적인 요소를 찾아서 프로포절을 작성해야 한다. 네 번째는 프로포절은 항상 선정되거나 탈락되지는 않는다. 프로포절의 성공 요인과 실패 요인을 문서로 기록하고 추후 프로포절 작성시 유용하게 사용해야 한다. 실패를 단순히 실패로 여기거나 성공의 기쁨에만 심취해 있지 않고 각각의 요인들을 잘 정리하여 추후 적용하는 것이 전문가적인 기획자의 진정한 모습이다.

　마지막 다섯 번째는 프로포절의 주인공은 신청기관이 아니라 지원의 주인공인 클라이언트이다. 그래서 더욱 클라이언트를 이해하고 클라이언트에 맞는 프로포절 작성이 매우 중요하다. 클라이언트 중심의 스토리텔링 과정을 통해 지원처와 심사위원에게 지원의 필요성을 더욱 강조해야 한다. 때론 프로포절은 기획서이면서 철학서라고 이야기를 한다. 성공하는 프로포절은 단지 "예산을 받기 위한 서류"가 아니라 클라이언트, 신청기관의 비전, 지역사회의 변화를 설계한 청사진이기 때문에 성공에 심취하지 말고, 탈락을 두려워하지 말며 성공과 실패 안에서 나온 피드백을 선정의 지양분으로 삼는 전문 기획자가 되기를 바란다.

Step 2

성공과
실패 사례로
구조 읽기

프로포절이 성공과 실패한 이유

프로포절은 때론 선정되기도 하지만 이유 없이 미선정되는 경우가 참 많다. 프로포절이 선정되었을 때는 좀 더 나은 서비스 제공이 가능한 장점이 있지만 연도별 성과 창출과 제반 서류 등을 작성하게 되어 다소 불편한 점도 있는 것이 사실이다. 때론 미선정되었을 때는 기회를 놓친 것에 대한 아쉬운 마음과 함께 그래도 고생하지 않아도 된다는 마음이 함께 들어서 묘한 감정이 뒤섞여 있다. 그런데 프로포절이 선정되고 미선정되는 것에 대한 이유들이 사례별로 나타나곤 한다. 프로포절을 작성하는 단계에서부터 현장심사 및 면접심사 과정 속에서 나타난 이유 등으로 프로포절이 선정되고 미선정되곤 하는데 선정 이유와 미선정의 이유를 잘 정리하는 것이 매우 중요하다.

매년마다 수없이 많은 공모사업이 진행이 되기 때문에 선정되었던 이유가 또 다른 기회를 만들고 미선정된 이유가 또 다른 대안으로 마련되어 예상하지 못한 또 다른 기회로 찾아올 수 있다. 프로포절 과정 가운데 선정과 미선정에 대한 결과만 기억하는 것이 아니라 그 이유를 명확히 기억하고 메모하여 또 다른 기회를 마련하는 것이 매우 중요하다. 프로포절 작성 과정 가운데 원활하게 작성되지 않았던 부분이 있다면 그것이 미선정의 이유가 될 수 있어서 추후 프로포절 작성시 보완하여 작성하거나, 면접 과정시 심사위원이 질문한 것에 제대로 답변을 못했다면 그것이야말로 미선정의 이유가 될 수 있음으로 추후 프로포절 작성 과정 안에서 보완해야 할 사항이기도 한다.

보통 전문가들은 실패 사례에 대한 이유를 다음과 같이 이야기한다. 제기된 문제가 별로 심각하지 않았거나, 돈 쓰임새의 불명확하거나, 문제의 성격이 명료하지 않거나, 문제 제기 방식의 부적절하거나, 문제에 대한 충분한 서류가 부족하거나, 문제의 범위에 적합하지 않는 대처 방법이거나, 불명확한 평가 계획을 수립했거나, 명확하게 측정할 수 없는 애매모호한 목표를 수립했거나, 합리적이지 못한 일정 계획을 수립하였거나, 지역사회 및 대상자가 배제된 기획 내용 등인 경우 보통 미선정된다.

객관적인 자료 등을 충분히 제시하지 않은 채 단순히 지원 요청을 하거나, 감정 섞인 호소 중심의 언급은 지원처의 심사위원의 입장에서 보았을 때 제시한 지역사회 환경, 대상자의 상황 등이 심각하지 않게 와닿을 수 있다. 때론 사회복지시설이 사업의 필요성을 설명할 때 비슷한 내용 중심으로 설명하다보니 대상자 및 지역사회를 충분히 이해하지 못하는 심사위원 입장에서는 공감하거나 이해하기 쉽지 않다. 지금의 상황을 더욱 심각하게 표현하기 위해서는 프로포절의 주제와 대상자에게 맞는 여러 문헌, 사례 관리일지, 관련 데이터를 충분히 활용하여 심각성을 더욱 강하게 표현해야 한다. 필요성 부분을 작성할 때는 여러 글들을 나열하는 것이 아니라 핵심 메시지를 1개~3개 정도의 소제목으로 구성하고, 강력한 메시지로 느껴질 수 있도록 소제목을 작성한다. 노후화된 차량의 안전성과 심각성을 표현하기 위해서 도로 위의 시한폭탄으로 소제목을 작성하는 것이다.

　문제의 성격이 명료하지 않거나, 문제 제기 방식의 부적절할 경우도 프로포절이 미선정된다. 프로포절을 작성하다보면 여러 정보들을 수집하고 분석해야 하며, 다양한 전략을 수립하기 위해서 많은 생각과 고민이 필요한 과정이라서 때론 벗어난 내용까지 포함된 프로포절이 되는 경우가 있다. 결국 지원처 입장에서는 문제의 성격이나 전체적인 프로포절이 명료하지 않는 것으로 이해하게 되어 결국 미선정까지 이어지게 된다. 프로포절을 당장 작성하기 이전에 충분히 다양한 자료를 수집하고 분석하는 가운데 프로포절의 초안 작성이 매우 중요하다. 신중한 초안 작성이야말로 프로포절의 성격을 보다 명료하게 할 수 있고 지원처의 심사위원들도 쉽게 이해할 수 있다. 그런데 프로포절을 작성하는 데 있어서 긍정적인 미래를 제시하고 설명하기보다는 그저 부정적인 인식을 가질 수 있도록 표현하는 경우가 크다. 지원을 해주지 않으면 지역사회에 무엇인가 큰일이 나는 것처럼, 대상자에게 극단적인 일이 발생하는 것처럼 부정적인 이야기로 진행하기보다는 본 지원 사업을 통해 대상자와 지역사회에 보다 긍정적으로 변화된다는 밝은 청사진을 보여주었을 때 지원처의 심사위원은 보다 긍정적으로 평가할 수밖에 없다.

　불명확한 평가 계획을 수립했거나, 명확하게 측정할 수 없는 애매모호한 목표를 수립하는 경우도 프로포절이 미선정되는 경우도 있는데 프로포절을 통해 명확한 성과를 창출해야 하며, 창출된 성과와 연결된 명확한 목표를 수립해야 한다. 특별히 많이 참여하고 진행하는 것 중심의 목표 설정보다는 대상자의 변화 중심의 성과목표를 명확히 수립하는 게 중요하다. 프로포절은 보다 많은 사람들이 참여하고 진행하는 것이 곧 좋은 프로그램이라고 여겨지는 것보다 프로포절을 통해 지역사회 내에 수많은 성과 즉, 변화가 나타나야 하므로 실적 중심의 산출 목표와 함께 변화 중심의 성과 목표를 함께 제시해야 한다.

단순히 목표만 제시하는 것이 아니라 실제 지역사회 내에서 할 수 있는 분명한 목표 수립이 더욱 중요하다. 애매모호하고 이상적인 목표 수립이 아닌, 실제 진행 가능한 목표 수립이 필요하다. 산출 목표는 자립 전환기 교육(연 4회*4명) 계획 대비 90% 이상 실석 달성, 일상생활훈련프로그램(연 30회기*4명) 계획 대비 90% 이상 실적 달성처럼 작성하고, 성과 목표는 장애인의 지역사회 통합성 향상, 장애인의 자립 생활 능력 향상처럼 대상자 중심의 성과 목표를 작성토록 한다. 이와 같은 목표와 함께 평가계획도 연결해서 명확하게 작성해야 하는데 자립 전환기 교육(연 4회*4명) 계획 대비 90% 이상 실적 달성에 대한 산출 목표는 자립 전환기 교육 프로그램 계획서 및 프로그램 일지 확인(분석)을 통해 모니터링 한다고 제시해야 한다. 또한, 성과 목표인 장애인의 지역사회 통합성 향상 부분은 장애인 사회통합 척도를 활용하여 사전·사후 검사와 프로그램 참여자 만족도 평가를 통해 평가를 진행하겠다고 작성한다.

합리적이지 못한 일정 계획을 수립하였거나, 지역사회 및 대상자가 배제된 기획 내용인 경우도 프로포절이 미선정된다. 담당자 입장에서는 단기간 내에 마무리하고 싶은 마음이 있겠지만 1년 동안 꾸준히 진행되어야 목표 달성도 가능하기도 하고 지원처에서도 1년 동안 꾸준히 프로그램이 진행되기를 원하는 부분도 있어서 전체적인 사업내용을 구분해서 꾸준히 사업이 진행될 수 있도록 한다. 더욱 사업의 효과성을 증대하기 위해서는 세부 프로그램별 특징을 고려하여 일정을 세우도록 하며 참여도와 관심도를 더욱 향상시키기 위해 기초적인 부분, 가볍게 참여할 수 있는 프로그램을 먼저 시작하고 점차 심화된 프로그램들이 진행될 수 있도록 프로그램 일정을 정하는 것도 중요하다.

프로포절의 중심은 지역사회와 대상자에게 있음에도 불구하고 우리 지역사회와 대상자에게 맞지 않는 프로그램으로 구성하는 경우가 종종 발생한다. 다른 지역에서 진행한 우수 프로그램을 단지 벤치마킹만 하고 프로포절을 작성하다보니 지원하고자 하는 지역사회와 대상자가 빠져 있는 모습이 나타나기도 한다. 좀 더 나은 프로포절을 작성하려는 노력이 참 필요하겠지만 기본 중에 기본이며 프로포절의 핵심인 지역사회와 대상자가 빠져 있다면 결국 사업의 효과성도 떨어질 뿐만 아니라 지원처 입장에서도 지원할 이유가 분명하게 떨어질 수밖에 없다. 많은 내용을 담아내는 것도 필요하지만 지원하고자 하는 지역사회와 대상자에 대한 충분한 자료 수집과 분석을 기반으로 우리 지역사회와 우리 대상자에게 맞는 맞춤형 프로그램을 기획할 수 있도록 노력해야 한다.

위와 같이 프로포절이 미선정된 이유는 다양하다. 실패의 이유 등을 정리하고 메모함으로써 또 다른 기회를 마련하는 것이다. 그러면 미선정의 이유와 함께 선정된 이유도 분명히 있다. 프로그램 구성 시 1~2개 정도의 프로그램으로만 구성한 것이 아닌 중장기발전위원회 구성, 연구사업 추진 등의 지속가능한 사업이 운영될 수 있는 시스템이 구축되었을 때, 지역사회의 다양한 사회복지시설과 연합하여 함께 이뤄가는 종합적인 모델로 구성하였을 때, 객관적인 자료 등을 통해 절실히 사업 지원의 필요성을 설명하였을 때, 기존 유사한 기획사업을 운영한 경험이 커서 사업수행 능력이 컸다고 판단되는 경우, 유사 사업과의 차별성을 가지고 새로운 대안을 제시하는 등 다양한 이유로 선정되는데 이것조차 선정의 기쁨을 떠나 선정된 이유 등을 잘 메모하여 또 다른 기회를 찾는 것이 매우 중요하다.

청년 발달장애인의 자립을 위한 포용적 브릿지 통합지원 사업 "동그라미 마을"이 선정된 이유는 다양하겠지만 면접 과정에서 심사위원의 호의적인 반응이 있었던 건 사전 제출한 사업 계획서의 완성도가 매우 높아서 심사위원들이 기획한 사업에 대해 충분히 이해하고 공감했기 때문이었다. 즉, 다양한 세부 전략도 필요하지만 완성도 높은 사업 계획서 작성도 필요함을 알 수 있다.

프로포절 중 몇 가지 성공 및 실패 사례를 가지고 AI 도구를 통해 분석하고 프로포절 작성 시 고려해야 할 사항 등을 설명하고자 한다.

1

구조 설계가
탄탄한 사례

종합적인 구조로 설계하였을 때 성공한 프로포절 사례

지난 2019년~2021년 동안 치매 부양가족의 돌봄 부담 완화와 가족 기능 강화를 역량강화 프로그램 "봄 · 봄 · 봄"(알아봄 · 느껴봄 · 즐겨봄)을 경기사회복지공동모금회로부터 지원받게 되었는데 치매안심아카데미, 치매안심상담소, 돌봄 가족 휴가제, 행복한 치매 안심 마을 만들기 등의 다양한 프로그램을 진행하였다. 이러한 우수한 프로그램을 왜 지원받게 되었고 성공한 이유가 무엇인지를 ChatGPT와 CLOVA X를 통해 분석하여 성공사례를 통한 교훈을 얻고자 한다.

---

1. 프로그램의 종합적 구조
   ○ 교육적 측면 ("알아봄"), 정서적 지원 ("느껴봄"), 사회적 참여 ("즐겨봄")

2. 사회적 필요성 반영
   ○ 치매 인구 증가 추세, 지역 맞춤형 접근

3. 수요자 중심의 맞춤형 프로그램 설계
   ○ 치매 부양가족의 욕구 반영

---

4. 지역사회 연계 및 자원 활용 극대화
   ○ 행복한 치매 안심 마을 만들기를 통해 지역 내 의료기관, 복지시설, 주
      민 조직과 협력해 돌봄 네트워크를 구축

5. 다학제적 협력 체계 구축
   ○ 치매안심센터, 보건소 등 기존 인프라와 연계해 자원의 중복 투자를
      방지하고 효율성을 극대화함

종합적인 구조로 설계하였을 때 성공한 프로포절 사례

치매 부양가족의 돌봄 부담 완화와 가족 기능 강화를 역량 강화 프로그램 "봄·봄：봄"(알아봄·느껴봄·즐겨봄) 프로그램은 대상자 중심의 설계와 지역사회 협력, 종합적인 지원 체계 구축, 프로포절의 성공적인 종합적인 구조 형성 등 치매 부양가족의 부양 스트레스를 경감시키는 데 매우 효과적인 프로그램이다. 소개된 성공사례는 단순한 서비스 제공을 넘어서 통합적 돌봄 체계 및 환경 조성과 함께 종합적인 구조를 형성했다는 점이 핵심임으로 추후 유사한 프로그램 기획 시 참여자의 목소리와 데이터를 기반으로 종합적인 구조를 형성해야 한다. 구체적인 위의 성공사례를 통한 핵심적인 교훈은 다음과 같다.

첫 번째는 통합적 접근의 중요성이다. 치매 부양가족 문제는 의료, 심리, 사회적 지원이 결합되어야 해결 가능함을 입증했다. 단일 프로그램보다는

교육+상담+휴식+커뮤니티 연계가 필수적인 부분임으로 프로포절 작성 시 다양한 지역자원을 활용하여 종합적이면서 통합적인 접근의 기획이 필요하다. 두 번째는 지역사회 참여 없이는 지속이 불가능하다는 것이다. 마을공동체 활동을 통해 지역 주민이 자발적으로 돌봄 네트워크에 참여하도록 유도한 점이 성공의 열쇠인 것처럼 외부 자금 지원만으로는 장기적 운영이 어려움. 지역 주민, 기관과의 협력으로 자생력을 확보해야 한다.

세 번째는 돌봄 휴가제는 참여자들이 직접 제안한 아이디어를 반영해 도입된 것처럼 프로그램 기획 단계부터 부양가족의 의견을 수렴해 현실적인 해결책을 설계한다. 네 번째는 참여자 스트레스 지수 감소율, 가족 관계 개선도 등을 계량화시켰던 것처럼 성과를 정량화해 모금회에 보고함으로써 신뢰성을 확보하고, 지속적으로 사업을 지원받을 수 있는 기반을 마련하는 것이 중요하다.

2

클라이언트 중심
설계 성공사례

차량지원 사업의 성공사례 분석

지난 2024년 한국마사회 사회공헌재단에서 지원하는 국민드림마차(스타리아) 사업에 신청하였다. 기능보강 중심(차량)의 외부공모사업은 자량의 효율적인 활용 측면을 강조하게 되었다. 주로 사용하는 휠체어 이용 중증 장애인을 강조하고 차량을 통해 개별지원서비스 및 의료지원서비스 지원 시 활용한다는 부분과 현재 승합차가 없고 그나마 있는 매우 노후화된 차량(카니발) 등의 사진 등을 제시함으로써 현재 차량이 없어 불편한 모든 상황을 설명하였다. 결국 2024년 하반기에 국민드림마차 지원 사업에 선정되었는데 이러한 차량을 왜 지원받게 되었고 성공한 이유가 무엇인지를 ChatGPT와 CLOVA X를 통해 분석하여 성공사례를 통한 교훈을 얻는다.

> 한국마사회 사회공헌재단의 "국민드림마차" 사업은 사회적 약자의 이동권 보장과 복지 증진을 목표로 하며, 특히 장애인·노인 등 교통약자의 이동 편의성 향상을 중점 지원한다. 해당 사업이 선정된 이유는 다음과 같다.

1. 수요자 중심의 구체적 문제 해결 방안 제시
   ○ 휠체어 이용 중증 장애인의 이동권 문제 해결
   ○ 현재 보유 차량의 한계 명확화
      - 노후화된 차량 구체적인 문제점 제시

2. 데이터와 현장 증거 기반 제안서 작성
   ○ 통계 및 설문조사 활용
   ○ 시각적 증거 제시
      - 노후화된 차량을 여러 측면의 사진 첨부, 차량 수리시 차량 사진 등
        첨부

3. 자원의 효율적 활용 계획
   ○ 기존 자원 대체 효과
   ○ 다양한 서비스 연계
      - 시설의 핵심 사업 중심, 휠체어 탑승 리프트 차량의 특징에 맞게 휠
        체어 이용인 중심의 서비스 작성

차량지원 사업(한국마사회 차량지원 사업) 실제 사례

차량지원 사업이 선정된 이유와 핵심적인 교훈

한국마사회 사회공헌재단의 "국민드림마차" 지원 사업이 선정된 이유는 가장 먼저 휠체어 이용자의 신체적 특성을 고려한 특수 장비 설치와 안전 강화 설계를 강조해 재단의 "현장 중심 지원" 비전과 부합되었고 개별 지원

서비스와 의료 지원 연계라는 구체적 실행 계획으로 실질적인 변화를 이끌어 낼 수 있음을 입증했다는 점이다. 두 번째는 노후 차량의 한계를 단순히 "교체 필요"로 끝내는 것이 아니라, 안전사고 위험, 이용자 불편도 증가 등 구체적 피해 사례를 제시해 긴박성을 전달하는 등 현실적 문제를 다양한 정보를 통해 인식시켰다는 점이다.

세 번째는 가장 결정적인 부분인데 현재 시설에서 재단에서 지원하고자 하는 승합차조차 없다는 것을 강조하였고 그나마 있는 차량(카니발)이 매우 노후화된 점을 강조하며 결국 클라이언트에게 큰 피해가 있다는 점을 누호된 사진과 기타 차량 수리 관련 자료를 제출하여 설득력을 한층 더 높였다. "국민드림마차" 사업은 수요자이 구체적 욕구 해결, 데이터 기반 제안서 작성, 혁신적 자원 활용 계획, 협력적 네트워크 구축을 통해 선정되었고 현장 중심의 실용적 접근과 차별화된 기술적 장점을 강조하는 것이 외부 공모사업에서 승리하는 핵심 전략임을 보여준다.

이러한 성공사례를 통해 몇 가지 핵심적인 교훈은 다음과 같다. 먼저 현장 조사나 설문 결과를 활용해 숫자와 사례로 문제를 구체화하면 제안서의 신뢰도가 높아지는 것처럼 클라이언트의 목소리를 데이터로 증명해야 한다. 두 번째는 노후 차량 문제를 단순히 "교체"가 아닌 기술적 우위와 효율성 향상으로 연결해 차별화를 강조함으로써 지원의 한계를 혁신적 솔루션으로 극복해야 한다. 마지막 세 번째는 노후 차량 사진, 이용자 차량 활용 근거 자료 등 다양한 매체를 활용해 제안서의 완성도를 높여야 하고 결국 지원의 핵심 "클라이언트에게 큰 피해를 경험하게 되고, 클라이언트에게 지원하는 서비스를 차량을 통해 효율적으로 진행"한다는 점을 강조해야 한

다. 향후 유사한 사업을 기획할 때는 이용자의 목소리를 구체화하고, 자원
의 효율성을 수치화하며, 지역사회와의 연계를 명시하는 것이 중요하다.

3

—

과대 신청으로
약해진 사례

시설 규모에 맞지 않는 프로포절 사례

아름다운가게 지원 희망나누기 지원 사업에 1억 상당의 ○○시 장애인 가족들의 자립적인 삶을 지원하기 위한 통합프로그램 "다온(ON) 마을학교" 사업으로 신청하였다. 시설 종사자 5명 이하이며 보조금 2억 이하인 소규모시설이지만 장애인의 자립 생활을 지원하기 위해 체험홈 프로그램과 장애인 부양가족을 지원하기 위해 건강검진 및 운동처방 프로그램, 틈새돌봄서비스, 장애인 가족 안심교육 프로그램, 장애인 가족 심리지원 프로그램, 장애인 가족 자조모임 등의 세부프로그램을 기획하였다. 결국 아름다운가게 지원 사업에서 탈락 되었는데 왜 탈락이 되었는지, 어떻게 수정해야 할지 ChatGPT, Gemini, CLOVA X를 통해 알아보고 실패 사례를 통해 얻게되는 교훈이 무엇이 있는지 알아보고자 한다.

프로그램 지원 사업이 실패한 이유와 교훈

아름다운가게 지원 희망나누기 지원 사업은 다음과 같이 수정해야 한다. 소규모 인력 · 예산으로는 여러 프로그램 동시 고품질 운영이 떨어짐에 따라서 사업을 축소하거나 핵심사업 중심으로 기획하는 등 신청 기간의 상황과 규모에 맞게 사업의 규모도 함께 결정해야 한다. 두 번째는 간결한 논리모형과 이론적 근거를 바탕으로 프로포절을 작성해야 한다. 논리적인 모형을 이론적 근거로 설명한다면 심사위원이 보다 쉽게 이해하거나 공감대를 향상시킬 수 있다.

1. 심사 탈락의 가능성 높은 이유
   ○ 사업 범위(스코프)가 너무 넓음 – 소규모 시설에 비해 활동·성과 기대치 과다
     - 여러 프로그램(6개)을 한 번에 제안하면 실행 가능성·지속가능성 의문이 든다. 심사위원은 '실행력'을 매우 중시한다.
   ○ 사업 목표·성과 지표가 구체적·측정가능(SMART)하지 않음
     - "자립 지원" 같은 포괄적 목표만 있으면 어떻게 바뀌었는지 증명하기 어렵다.
   ○ 근거(Needs assessment)와 대상자 데이터 부족
     - ○○시/지역 내 장애인·가족의 구체적 수치(필요도, 기존 서비스 겹침, 서비스 공백 등)를 제시해야 설득력이 생긴다.
   ○ 예산 산출 근거 및 항목 구체성 부족
     - 인건비·운영비만 막연히 적어 놓거나 단가 근거가 없으면 '비현실적' 또는 '부적격'으로 보일 수 있다.
   ○ 협력체계(병원/운동시설/지역복지관 등) 증빙 미흡
     - 건강검진·운동처방 등은 외부기관 협력 없이는 실행이 어렵다. MOU·협약서·추천서가 없으면 신뢰도가 떨어진다.
   ○ 모니터링·평가(M&E) 계획 미비
     - 성과 측정 방법(누가, 언제, 어떤 도구로)을 명확히 안 쓰면 '성과 검증 불가'로 판단한다.
   ○ 지속가능성·사후관리 계획 부재
     - 사업 종료 후 어떻게 유지·확산할지(비용·인력·운영 주체)를 안 적으면 '일회성'으로 평가된다.

○ 제출서류·행정 서류 누락 또는 형식 미비
  - 법인 등 증빙서류, 사업 계획서 양식 미준수, 첨부파일 미비 등으로 탈락되는 경우도 흔하다.
○ 사업 설명·문서 퀄리티(가독성·요약부의 설득력) 미비
  - 심사자는 많은 제안서를 보기 때문에 한눈에 핵심을 못 잡으면 불리하다.

세 번째는 ○○시 장애인 및 장애인 가족의 통계를 가지고 기존 지원한 프로그램의 장단점이 무엇이고 클라이언트에게 맞는 가장 적절한 프로그램임을 객관적인 자료를 통해 설명해야 한다. 무엇보다 동일하게 진행되고 있는 장애인 체험홈 사업에 대해 현재 나타나고 있는 문제점을 제시하고 그 문제점을 해결할 수 있는 대안 중심으로 수정하여 프로그램을 수립해야 한다. 네 번째는 신청기관은 소규모시설임에 따라서 지역 내외의 다양한 자원과의 협력이 필요하다. 소규모시설일 수는 있으나 보통 생각하는 것처럼 소규모시설이라고 해서 대규모 사업을 원활하게 진행한다는 생각은 누구도 하지 않는다. 신청기관으로서 약점이 있는 만큼 그 약점을 보완할 수 있도록 지역사회 내외의 다양한 협력 기관과의 협약을 추진하고 프로포절을 신청 시 협약서를 함께 첨부하면 신청기관의 약점을 다소 해소할 수 있다.

아름다운가게 지원 희망나누기 지원 사업의 실패를 통하여 얻게 된 교훈은 다음과 같다. 첫 번째로 하고 싶은 것과 할 수 있는 것의 균형을 객관적으로 맞추는 것이 필요하다. 신청기관은 소규모시설이며, 규모조차 매우 작았기 때문에 프로그램을 진행할 만한 장소가 좁았고 더욱 직접 실행할 담당자가 당시에 센터장 1명뿐이었다. 외부 지원처의 입장에서는 충분

히 대규모의 사업을 운영할 수 없다고 판단하였기에 결국 탈락되었다고 평가된다. 프로포절을 작성할 때는 신청기관의 인력 구조와 규모 등을 고려하여 할 수 있는 만큼의 프로그램으로 설계를 해야 한다. 두 번째는 지역적인 통계 자료, 사례관리 일지 등 필요성에 대한 객관적인 자료를 제시한 후 사업 지원에 대한 필요성 부분을 강조해야 함에도 불구하고 기본적인 자료 중심으로 사업 지원의 필요성을 설명하였다. 프로포절의 주 대상자에 대한 욕구와 어려움 등을 객관적으로 설명하고 클라이언트에게 맞는 프로그램으로 설계한다.

세 번째는 지원 대상자를 고려하지 않은 채 현재 다양한 형태로 진행되고 있는 체험홈 프로그램 중심으로 본 사업을 기획하였다. 지원처와 심사위원의 입장에서는 클라이언트의 현재 상황을 전혀 고려하지 않거나 특별한 프로그램으로 이해하지 못함이 결국 실패한 것으로 보인다. 지원 대상자에게 정말 필요한 것이 무엇인지 클라이언트의 상황과 의견을 중심으로 기획하며, 현재 동일한 주제에 대한 지원하고 있는 프로그램을 찾아 동일하게 기획하기보다 지역사회와 클라이언트에게 맞는 프로그램으로 수정 보완하여 제출한다. 보통 체험홈은 지역사회 내에서 진행되는 경우가 많아 충분한 수행 인력이 필요하지만 신청기관의 수행 인력은 센터장을 포함하여 총 3명의 수행인력이 있기 때문에 현실적으로 프로그램을 운영할 수 없다고 판단할 수밖에 없다. 현재의 수행 인력의 규모에 맞는 프로그램을 구성하거나, 지역사회 내외에 있는 전문 인력을 활용하는 방안도 함께 고민해야 한다.

4

기관 중심 서술의
한계 사례

신청기관 중심으로 작성하였을 때 실패 이유

2025년 경기사회복지공동모금회 신청사업에 ○○시 발달장애인의 자립 능력 향상을 위한 일싱생활 훈련 거점센터 마련 기능보강사업 "배움의 공간"을 신청하였다. 일상생활훈련 거점센터 공간 마련 기능보강사업은 발달장애인의 자립 능력 향상을 위한 일상생활 훈련 공간을 마련함으로써 청소, 정리 정돈, 음식 만들기 등 발달장애인이 지속적으로 일상생활교육 프로그램을 진행하고자 하였다. 총 3천만 원 상당의 사업 규모이며 전체 예산을 프로그램을 진행하는 것에 사용하는 것이 아니라 일상생활 훈련 공간을 마련하는 사업비로 100% 사용하는 것으로 책정하였다. 그러나 안타깝게도 사회복지공동모금회 신청사업(기능보강사업)에서 탈락이 됨에 따라서 ChatGPT, Gemini, CLOVA X를 통해 왜 탈락된 이유를 알고 추후 다시 프로포절을 신청할 때 보완해야 할 부분과 이번 실패 사례를 통해 알게 되는 교훈을 알아보고자 한다.

1. 심사 탈락의 가능성 높은 이유

　○ 예산이 전액 '시설비(공사/장비)'로만 구성되어 있어서 심사기준상
　　'사업성·프로그램성'이 약하다.

　　- 기능보강이라 해도 심사위원은 '공간을 통해 어떤 프로그램이, 누가,
　　　어떻게 운영되는지'와 그 결과(성과)를 보길 원한다. 전액이 단순 설
　　　비비로만 되어 있으면 '투자 대비 영향'이 불분명하게 보인다.

　○ 사업목표·성과지표의 부재 또는 불충분

　　- 공간 마련 자체가 목표화되었을 때 "공간이 만들어지면 무조건 효과
　　　가 있다."는 논리는 약하다. 구체적 성과(참여자 수, ADL 변화, 취업/
　　　자립연계 등)가 필요하다.

　○ 근거자료(지역수요·사업중복·대상자 데이터) 부족

　　- 지역 내 대상자 수, 기존 제공 서비스와의 차별성, 수요조사 결과(설
　　　문/현장사례)가 제시되어야 설득력 있다.

　○ 협력체계 및 운영계획 부재

　　- 기능보강은 '공간 만들기' + '공간에서 돌아갈 프로그램'의 연결이 핵
　　　심이다. 운영주체(강사/OT/복지관 등) 확보 증빙이 없으면 실행확률
　　　이 낮다.

　○ 견적서·시공계획·예산근거 미흡

　　- 공사·설비에 대한 업체 견적서(또는 3개 견적비교), 시공 일정, 안전·
　　　접근성 규정 준수 계획이 없으면 예산의 신뢰도가 떨어진다.

　○ 지속가능성·관리비 부담 설명 부족

　　- 시설이 생긴 뒤 유지관리(전기·소모품·정기적 수리) 비용·운영인력
　　　은 누가 부담하는지 불분명하면 '일회성 투자'로 평가될 수 있다.

　○ 평가·모니터링(M&E) 계획 미흡

　　- 시설이 만들어진 뒤 어떻게 성과를 측정·보고할 것인지(지표·수집방
　　　법)가 없으면 '효과 검증 불가'가 판정된다.

기능보강사업의 실패 이유와 교훈

위의 내용을 바탕으로 다음과 같이 우선적으로 수정해야 할 항목들을 설명하고자 한다. 첫 번째로 예산을 기존 100% 시설비로 사용하되 단순히 자산취득 차원의 공간 마련이 아니라 훈련 공간을 통해 세부적인 프로그램을 수행할 계획을 수립해야 한다. 단순히 공간만 만드는 것에 대해 집중하기보다는 공간 마련을 통해 발달장애인의 자립 지원을 수시로 진행하겠다는 내용 중심으로, 클라이언트의 입장에서 프로포절을 작성해야 한다. 두 번째는 프로포절 작성 시 차별화된 요소를 강조해야 한다. 기존 기능보강사업처럼 단순히 공간 마련, 환경 개선 등의 내용이 중점적으로 표현되는 것이 아니라 공가 마련을 통해 자립 지원 프로그램을 디욱 활싱화시키겠다는 등의 차별적인 내용이 더욱 강조되거나 집중적으로 언급되어야 한다.

세 번째는 단순히 기능보강사업을 진행하는 것에 대하여 그 필요성을 이해하지 못하거나 공감하지 못하는 경우가 많아서 왜 기능보강사업이 지원되어야 하는지 객관적인 자료를 바탕으로 강조하고, 공간 마련이 되지 못해 클라이언트가 겪게 되는 많은 불편한 점들을 강조토록 한다. 프로포절의 중심은 클라이언트임으로 기능보강사업을 지원받지 못해 클라이언트에게 미치는 영향 등을 설명하고 기능보강사업을 통해 클라이언트에게 미치는 기대효과를 설명하기 위한 객관적인 자료를 제시하거나 구체적으로 설명해야 한다.

이번 실패에서 얻을 수 있는 구체적인 교훈은 다음과 같다. 첫 번째로 기능보강사업은 프로그램을 진행하기 위한 기반(인프라)이며 지원처의 심사위원은 그 기반을 통해 어떤 변화를 발생시킬지가 더욱 알고 싶어 하는 부분이다. 그래서 단순히 공간 마련을 위한 기능보강사업을 신청하는 것이 아니라 발달장애인에게 효과적인 프로그램을 지원하기 위해서 위와 같은 공간 마련이 필요하고, 구체적으로 훈련 공간 안에서 프로그램을 어떻게 진행할지를 설명해야 한다. 두 번째는 프로포절은 신청기관의 입장도 중요하겠지만 지원처와 심사위원의 입장을 고려하여 작성해야 한다. 지원처에서는 단순히 환경 개선 등으로 기능보강사업을 이해하기 때문에 지원의 필요성을 덜하게 느낄 수 있다.

왜 기능보강사업이 필요한지에 대해 객관적인 자료를 바탕으로 설명하고 단순히 공간 마련을 위한 기능보강사업이라는 설명보다는 공간 마련이 되지 못해 겪게 되는 클라이언트의 상황 등을 보다 구체적으로 설명해야 한다. 모든 프로포절의 중심은 클라이언트이기 때문에 신청기관 담당자와 신청기관의 입장으로만 프로포절을 작성하면 안된다. 기능보강사업을 통해 공간만 마련한다는 단순한 제안보다는 마련된 공간을 통해 결국 발달장애인의 자립 지원을 보다 활성화시키겠다는 구체적인 프로그램 계획 등도 함께 설명해야 한다. 창호 교체지원 사업을 신청하게 되는 경우 단순히 창호를 교체한다는 설명보다는 창호가 노후화되어 비가 시설 안으로 스며들고 결국 곰팡이까지 들게 되어서 1층 남자 생활실에서 생활하고 있는 중증장애인 중 호흡기질환을 가진 이용인들에게 건강상의 문제가 발생된다고 설명하였다. 또한 계속적으로 곰팡이가 생기는 등의 어려움이 생겨 결국 중증장애인이 병원에 입원하여 치료했다는 객관적인 진단서와 입원확인서도 함께 첨부하여 제출하기도 하였다.

Step 3

AI 활용 리스크와 윤리 기준

1

AI 활용 시 주의해야 할
저작권 문제

저작권의 이해

AI는 데이터를 획득하고 분석을 하여 새로운 데이터를 생성하는 도구이다. 인공 지능은 다양한 데이터를 분석하여 완전히 새로운 것을 만들어 내는 것처럼 보이기도 하는데 어찌 보면 창작과 창조의 범위 사이에 그 역할을 다하고 있다. ChatGPT는 제법 멋진 활동들을 한다. ChatGPT-4는 2021년 9월까지, GPT-4 Turbo는 2023년 4월까지의 학습된 정보를 가지고 있기 때문에 정확한 정보를 제공하지 못할 때도 있지만 제법 매력적인 결과물을 만들어내기도 한다. 그런데 최근 들어 가장 중요하게 다뤄지는 이슈는 ChatGPT 학습을 위해 타인의 창작물을 학습했다면 학습 과정 자체가 저작권 침해가 아니냐는 것이다. 타인의 저작물을 이용해 새로운 창작을 했다면 허락 없이 저작물을 학습한 것 자체가 저작권 침해가 될 가능성이 높기 때문이다. 그렇다면 이용자의 질문에 의해 만든 창작물이 저작권에 접촉되는지에 대해서는 아직도 여러 논란이 있는 것이 사실이다.

여러 논란의 이야기를 본격적으로 설명하기에 앞서서 저작권에 대해 좀 더 이해할 필요가 있다. 저작권이란, 사람이 창작한 창작물(저작물)에 대해 그 창작자가 가지는 배타적 권리라는 의미이다. 즉, 누가 만든 글, 그림, 음악, 영상 등을 허락 없이 복제·배포·공유·변형하면 침해가 된다는 이야기이기도 한다. 그래서 저작권은 창작자의 이름을 표시하거나, 자신의 의도와 다르게 작품이 바뀌지 않게 할 권리인 저작인격권과 저작물을 복제하거나, 공연·배포·전송·2차적 저작물로 이용할 수 있는 권리인 저작재산권으로 나눠 설명할 수 있다.

AI 저작권은 인공 지능(AI)이 창작한 저작물에 대한 권리 및 저작권을 말한다. 인공 지능이 그림을 그리거나 음악을 만들었다면, 이 작품에 대한 저작권은 누구에게 있는지, 저작권이 있는지 등을 다뤄야 한다. 매우 흥미로운 점은 AI가 만든 작품이기 때문에 전통적인 저작권법으로는 다루기가 조금 복잡한 부분이 있다. 왜냐하면 보통 저작권은 사람이 창작한 작품에 부여되는데, AI는 '사람'이 아니기 때문이다. 일부 경우에는 전략 설계를 만들거나 작동시킨 사람이 저작권을 가질 수도 있고, 아니면 인공 지능이 만든 작품은 아예 저작권이 없다고 보는 경우도 있는데 이처럼 아직도 인공 지능의 저작권은 많은 논의가 필요하다.

인공 지능 기술의 발전으로, AI가 인간의 창작물을 분석하고 모방하는 능력이 매우 향상되었는데 창작의 영역에서 새로운 기회를 열었지만, 동시에 저작권과 관련된 복잡한 법적 문제들이 발생되고 있는데 자동화 시스템을 훈련시키는 데 사용되는 데이터(예: 이미지, 텍스트, 음악 등)가 저작권으로 보호받는 자료일 경우, 이 데이터를 사용하여 훈련시키는 것 자체가 저작권 침해가 될 수 있다.

누군가가 인기 있는 가수의 노래 스타일을 모방해서 새 노래를 만들며 인공 지능을 사용했다고 가정해 보자. 그 인공 지능은 가수의 노래 스타일과 특징을 학습하고, 이를 바탕으로 새로운 노래를 만들었을 뿐인데 여기서 문제는 만든 노래가 원래 가수의 노래와 너무 비슷하다면, 이는 원래 가수의 창작권을 침해하는 것으로 볼 수 있다. 왜냐하면 인공 지능이 그 가수의 독창적인 스타일을 무단으로 사용했다고 보아 저작권법에 의해 보호받는 창작물의 복제로 간주하기 때문이다.

이처럼 인공 지능 저작권 침해는 인간의 창작물을 학습하고, 이를 기반으로 새로운 작품을 만들 때 발생할 수 있다. 이 문제는 점점 더 많은 사람들과 기업들이 AI를 창작 도구로 사용함에 따라 더 중요해지고 있어 현재의 저작권법은 인간이 창작한 작품에 초점을 맞추고 있으니 AI를 사용할 때는 항상 창작권을 존중하고, 법적인 문제가 없는지 주의 깊게 확인해야 한다.

AI가 인간의 지시에 따라 시간과 노력으로 작품을 만들어냈다면, 그 작품에 대한 권리는 누구에게 속하는 것인지 생각해 볼 필요가 있다. 일단 인공 지능은 아직 법적으로 '창작자'로 인정받지 못한다는 점이다. 인공 지능이 만든 작품은, 보통 인공 지능을 만든 사람이나, AI를 사용해서 그 작품을 만든 사람에게 권리가 있다. 하지만 이 영역은 아직 법적으로 많이 복잡하고 세계 각국마다 적용하는 법이 다 다르고, 인공 지능과 관련된 법률도 계속 발전되고 있어서 만든 작품의 권리는 누구에게 있는가에 대한 명확한 대답은 아직까지 없다.

저작권 문제는 AI가 만든 작품과 AI가 학습하는 과정에서 사용하는 데이터에 대한 권리와 법적 책임이 어떻게 처리되어야 하는지에 대해서 두 가지 측면에서 생각해 볼 수 있다. 한쪽 측면은 저작권 인정 여부 부분으로, AI가 만든 창작물을 인간이 만든 창작물과 마찬가지로 저작권을 인정할 것인가에 대한 문제인데 저작권 주체인 인공 지능은 인간의 지시에 따라 창작물을 생성하기 때문에, 만든 창작물이 인간의 창의성과 노력을 바탕으로 만들어진 것인지, 아니면 단순히 데이터를 학습하여 만들어진 것인지에 대한 논란이 여전히 있다.

AI 사용 시 주의해야 할 저작권 핵심 포인트

또 다른 측면은 저작권 침해 부분이다. 다른 사람의 저작물을 학습하여 새로운 창작물을 만들었을 때, 이 창작물이 기존의 저작물을 침해하는 것인지에 대한 문제인데 이는 학습한 데이터에 대한 저작권 문제와 함께 다루어져야 한다. 사실 인공 지능(AI)의 발전으로 AI의 영향력이 점차 커지고 있어서 찬반 논쟁도 더욱 치열해지고 있다. 인공 지능 저작권 찬성의견을 가진 쪽에서는 창의성과 혁신을 촉진하기 위해 AI 작품에 적절한 보호가 필요하다고 주장을 하며 AI를 통해 생성된 작품도 창작 과정에 인간의 노력과 지식이 담겨 있다고 본다.

저작권은 창작자에 대한 공정한 보상을 보장하며, 이는 인공 지능 기술에 대한 연구와 개발을 장려해야 한다고 말하며 기술의 발전과 경쟁을 촉진하여 사회에 긍정적인 영향을 미치는 것으로 간주한다고 말하고 있다. 반대로 AI 저작권 반대의견을 제시한 쪽에서는 창작성이 부족하거나 무조

건적인 보호가 필요하지 않다고 주장하며, 기존의 저작권 법률이 이미 충분하다고 주장한다. AI는 인간의 창의성과는 다르게 작동하므로 보상이 필요하지 않다는 입장과 함께 너무 강력한 저작권 보호가 혁신을 억제할 수 있다는 우려도 함께 제기하고 있다.

현재까지의 기술 수준과 법적 검토 수준을 보자면 명확하게 창작한 창작물에 대한 권리 귀속 주체는 인간이다. 인공 지능을 소유한 소유자에게 인공 지능이 창작한 창작물이 귀속되는 것으로 보는 것이 일반적이다. 프로그램 자체의 저작권이야 개발자에게 발생하지만 AI 도구를 이용한 이용자가 그 프로그램을 사용하여 창작물을 생성했다면 당연히 이를 이용한 이용자에게 저작권이 발생한다. 이용자가 AI 도구를 이용해 만든 성과물에 관한 권리는 마땅히 ChatGPT에게 질문을 던진 이용자에게 인정되어야 할 것이다. 즉, 오픈 AI가 ChatGPT를 개발하였고 이에 대한 저작권은 당연히 오픈 AI에게 있겠지만 인공 지능 등을 활용한 창작물까지 오픈 인공 지능의 저작권이 미치거나 발생할 수 없다.

현재 현행법에서는 저작물을 인간의 창작활동이나 그 결과물로 전제하고 있어 이를 기준으로 저작권 보호 범위를 논의하고 있어서 인공 지능이 만들어낸 소설 등의 창작물에 대해서는 쉽게 저작권을 인정할 수 없다. ChatGPT 등의 AI 도구는 저작권이나 창작자가 될 수 없을 뿐만 아니라 인간의 창작 기여도가 매우 낮은 상태여서 창작한 창작물에 대해서는 누구에게도 저작권이 인정되지 않을 수 있다. AI 도구 활용 시 저작권이 문제되는 이유는 글, 그림, 음악 등을 학습할 때, 데이터 대부분이 기존 창작물, 저작물에서 가져오기 때문이다. 따라서 AI가 만들어낸 결과물에 기존 저작물의 흔적이 포함될 경우 저작권 문제가 발생할 수 있다. 어느 사회복지시설 사회복지사 A가 AI 도구로 프로포절 초안을 만들었는데, 결과물의 일부 문장이 기존 논문과 거의 동일하다는 지적을 받을 수 있다. AI가 생성한 텍스트도 원본 자료에서 가져온 문장을 그대로 사용할 수 있어서 표절 또는 저작권 침해로 간주될 수 있다. AI 도구가 제공한 글은 그대로 사용하지 말고, 출처 표기 등을 통해 자신만의 문장으로 수정한다.

ChatGPT 등의 AI 도구가 생성한 문장에는 기존 논문, 기사, 책 등의 표현이 포함될 수 있기 때문에 각별히 주의해야 하며 AI 도구가 제시한 글을 그대로 제출하거나 복제하면 표절로 간주한다는 사실을 명심해야 한다. AI 도구가 제공한 결과는 오직 초안으로서 활용하거나 제안한 구조나 문장은 참고하고, 핵심 내용은 직접 수정하면서 재작성을 한다. 보고서나 프로포절에 AI 도구를 활용했다면, 작성 보조 도구로 ChatGPT 등의 AI 도구 사용이라고 명시하고 명확히 출처를 제시토록 하며 인용 자료는 반드시 교차적으로 확인한다. AI 도구가 제공한 시각 자료인 경우에는 특정 작가의 스타일이나 기존 이미지 일부가 무단 복제될 위험이 존재하기 때문에 주의해야 하고 무료 상업용 사용 가능한 이미지를 활용하거나 AI가 제시한 이미지를 참고로 하며, 직접 그래픽 수정 및 문구 삽입을 통해 창작성을 확보토록 한다. AI 도구가 제공한 자료는 참고용 자료로 활용할 뿐 맹목적으로 사용하는 것을 절대 금하며 나의 생각, 나의 글로써 수정하고 보완함으로써 프로포절 등의 자료 등을 좀 더 완성도 높게 지속적으로 노력한다.

2

AI의 윤리적 활용 방안 및
할루시네이션 예방법

현장에서 적용하는 AI 윤리 활용 체크포인트

사회복지 프로포절의 인공 지능(AI) 윤리적 활용은 매우 중요하다. AI 기술은 효율성을 높이고, 서비스 품질을 개선하며, 자원을 효과적으로 배분하는 데 도움을 줄 수 있지만, 잘못 사용될 경우 프라이버시 침해, 편향성 문제, 인간관계의 약화 등의 윤리적 문제를 초래할 수 있다. 사회복지 프로포절은 단순한 사업 확보 수단이 아니라, 클라이언트의 삶에 직접적인 영향을 미치는 실천의 출발점이기 때문에 작성 및 활용 과정에서 최신 사회복지사 윤리강령과 관련 가이드라인을 준수하는 것이 필수적이다.

사회복지사는 프로포절 기획 단계부터 클라이언트를 단순한 서비스 수혜자가 아닌 사회복지 실천의 주체로 인식해야 한다. 프로포절 내용 구성 시 클라이언트의 욕구를 적극적으로 반영하고, 사업수행 과정에서도 그들의 자기결정권을 최대한 존중하며 참여를 보장하는 구체적인 방안을 명시해야 하는 등 클라이언트의 주체성 존중 및 자기결정권을 보장해야 한다. 프로그램을 시작하기 전, 대상자에게 사업의 목적, 내용, 발생 가능한 위험, 비용, 동의 거부 및 철회 권리 등에 대해 정확하고 충분한 정보를 제공하고 동의를 얻어야 하며 오디오나 비디오 기록, 제3자의 관찰 등이 포함된 프로포절의 경우, 이러한 사실을 반드시 사전에 고지하고 승인을 받는 절차를 계획에 포함하는 등 정보에 입각한 사전동의가 필수적으로 이뤄져야 한다.

프로포절 작성 시 여러 클라이언트의 정보를 기본적으로 파악하게 되는데 이러한 클라이언트의 정보는 철저히 비밀을 유지해야 하며 자신이나 타인에게 해를 입힐 위험이 있거나 범죄와 관련된 예외적인 경우에만 법적 절차에 따라 제한적으로 공개할 수 있음을 인식한다. 수집된 클라이언트의 개인정보는 잠금장치가 있는 사물함이나 암호화된 전산 파일에 보관하여 제3자의 무단 접근을 원천직으로 차단하며 사업 과정에서의 기록은 중립적이고 객관적이어야 한다. 보유 목적이 달성된 자료는 재생이 불가능한 방법으로 파기하는 계획을 수립해야 하는 등 개인정보 보호 및 기록 관리를 철저하게 한다.

최근 프로포절 작성에 ChatGPT 등 생성형 AI를 활용하는 사례가 늘어남에 따라, 기술 활용 과정에서 발생할 수 있는 편향성이나 개인정보 침해 등의 윤리적 문제를 인식해야 하며 연구나 평가 성격이 강한 프로포절의 경우, 사회적 해악을 최소화하기 위해 IRB(기관생명윤리위원회)의 승인을 받거나 ESR(Ethics and Society Review)과 같은 윤리적 검토 과정을 거쳐 기술이 사회에 미칠 부정적 영향을 사전에 차단 등의 최선의 노력을 다한다. 프로포절을 통해 지원받게 되는 후원금일 경우에는 지원처의 예산 사용 지침에 맞게 사용하고 절대 수행 기관 및 담당 사회복지사에게 어떠한 경제적 이득을 취하지 않고 오직 클라이언트에게 100% 지원토록 한다. 예를 들어서 기능보강사업이 선정되어 시설 기능보강을 해야 하나 공사업체로부터 뇌물을 받고 해당 업체와 계약을 체결하거나, 프로포절 예산으로 구매한 청소기를 개인적으로 사용하는 등의 경제적 이득을 절대 받아서는 안 된다.

프로포절의 할루시네이션 예방법

프로포절 작성 시 인공 지능이 사실에 기반하지 않은 내용을 만들어내거나 실제 존재하지 않는 데이터, 인용, 근거 등을 포함함으로써 문서의 신뢰성, 정확성, 윤리성에 직접적인 손상을 주기 때문에 할루시네이션이 발생하는 것은 매우 심각한 문제로 본다. 프로포절은 연구, 사업, 정책, 혹은 프로젝트 수행을 위한 공식적인 제안서로, 제안자가 제시하는 정보의 정확성이 매우 중요한데 할루시네이션이 발생하면, 존재하지 않는 연구 결과나 근거 없는 통계 자료 등이 포함될 수 있어서 프로포절을 지원처나 심사위원에게 신뢰할 수 없는 문서라는 인식을 주게 되고, 제안자의 전문성과 신뢰도를 심각하게 훼손시킨다. 프로포절은 종종 자금 지원, 인력 배정, 정책 결정 등 중요한 판단의 근거로 활용되는데 만약 허위 정보가 포함된 프로포절이 채택된다면, 잘못된 정보에 기반한 의사결정이 이루어질 수 있기 때문에 자원의 낭비나 프로젝트 실패로 이어질 가능성이 매우 높다.

AI를 활용해 프로포절을 작성하는 경우, 할루시네이션은 인공 지능의 한계로부터 비롯되는 대표적인 위험 요소이다. AI는 문맥적으로 타당해 보이지만 사실과 다른 정보를 그럴듯하게 생성할 수 있다. 이러한 경우 사용자가 이를 검증하지 않고 그대로 제출할 경우, 잘못된 정보의 책임이 최종적으로는 담당자 및 신청기관에게 돌아간다. 따라서 AI 도구를 활용할 때에는, 생성된 내용의 사실 검증과 근거 확인 과정을 반드시 거쳐야 한다.

할루시네이션 문제를 방지하기 위해서는 모든 근거와 데이터의 출처를 명확히 하고 공식적이고 신뢰할 수 있는 자료 중심으로 인용하거나 여러 정보들을 크로스 체크하며 확인하고 검증해야 한다. Google Scholar, PubMed, Scopus 등의 논문 검색 엔진을 통해 실제 존재하는 연구만을 인용토록 하며 AI가 생성한 문장은 초안 수준으로만 활용하고 반드시 담당자는 사실관계와 논리적 일관성을 확인해가며 내용을 채워나가는 노력이 함께 필요하다.

추가로 할루시네이션을 억제하는 방법이 있는데 먼저 질문만을 하지 아니하고 정보를 주고, 그 정보를 바탕으로 써달라고 요청하는 것이며 질문에 대한 내용이 주어진 정보에 있는지 확인해야 한다. 정보 안에 내용이 있으면 참고해서 답하며, 정보 안에 내용이 없으면 '모른다'고 답하거나 출력하지 않는다는 일종의 CoT 기법으로 도출과정을 명시하게 되면 도출 과정에 따라 답변을 하면서 할루시네이션을 현격히 줄일 수 있다.

확실하게 할루시네이션을 잡기 위해서는 아예 출력 형식을 명시하는 것도 좋다. 주어진 도출 과정을 제시하고 주어진 정보를 한해서만 출력하고, 없을 경우 출력하지 않는다는 출력 형식까지 제시하는 것이다. 프로포절 작성에서의 할루시네이션은 단순한 실수가 아니라, 문서의 신뢰성과 윤리성과 함께 의사결정의 공정성을 훼손하는 중대한 문제라고 판단된다. 인공지능의 도움을 받더라도, 최종 책임은 프로포절 담당자에게 있음을 명확히 인식해야 하며, 생성된 정보의 사실성 검증을 철저히 수행하는 것이 필수적이다. 완벽하게 프로포절을 작성하였다고 하여도, AI를 통해 충분한 내용을 작성하였다고 하여도 결국, AI는 도구일 뿐이고, 진정한 정확성과 신뢰성은 인간의 검증과 판단에서 비롯된다는 사실을 꼭 기억해야 한다.

ChatGPT에서 할루시네이션을 없애는 방법은 메뉴에서 개인 프로필을 클릭하고 개인 맞춤 설정 부분에서 맞춤형 지침 부분을 클릭한 다음 대화 스타일에 정확성 중시를 넣고 사용자 성향은 보수적으로 세팅하며 사실이 아닌 내용은 절대 말하지 말고 모르면 모른다고 답하라고 명령을 내린다. 그 다음 설정에 들어가서 메모리 켜짐 상태를 확인해야 다음부터 할루시네이션이 발생되지 않는다. 프롬프트 끝에는 항상 답변 전 2026년 현재에도 유효한지 확인하고 답변에 대한 정확한 근거와 출처를 제시할 것, 마지막 지침은 항상 기억할 것, 정보가 없다면 모른다고 대답할 것, 답변을 지어내지 말 것이라고 세팅을 하면 된다.

3

AI와 정보 노출, 인용 표기

AI 활용 시 발생할 수 있는 주요 문제

생성형 AI 기술의 급격한 발전은 교육과 산업 전반에 효율성을 가져다주었지만, 동시에 개인정보 노출 위험과 학문적 진실성이라는 중대한 과제를 던져주고 있다. 최근 생성형 AI의 발전은 사회복지 분야의 프로포절 작성 과정에도 혁신을 가져오고 있다. AI는 방대한 데이터를 빠르게 분석하고 창의적인 아이디어를 제시함으로써, 제한된 시간과 자원 속에서 효율적인 기획을 가능하게 한다. AI 기술의 도입은 정보 노출, 저작권 문제, 편향성, 개인정보 보호 등 새로운 윤리적 쟁점을 함께 동반하는데 사회복지 프로포절은 취약 계층의 권익과 직결되는 민감한 사안이므로, AI 활용 시 발생할 수 있는 문제점을 사전에 점검하고 해결 방안을 마련하는 것이 필수적이다.

AI 활용 시 발생할 수 있는 주요 문제 중 AI는 학습 데이터의 출처를 명시하지 않고 정보를 생성하므로, 프로포절에 포함된 통계나 사례가 허위 또는 왜곡된 정보일 가능성이 있어서 정보 출처의 불명확한 문제를 발생시킨다. AI가 생성한 텍스트나 아이디어가 타인의 저작물을 무단으로 복제하거나 변형할 수 있으며 표절 논란까지 발생되고 있어 저작권과 인용 표기 문제도 함께 나타날 수 있으며 AI 학습 데이터에 민감한 개인정보가 포함될 경우, 프로포절 작성 과정에서 개인정보 유출 사고가 발생할 수 있어 개인정보 보호 위반의 위험을 함께 가지고 있다.

생성형 AI는 대규모 데이터를 학습하고 처리하는 과정에서 민감한 정보가 유출되거나 오용될 수 있는 다양한 경로를 가지고 있다. 사용자가 프롬프트에 기업의 기밀이나 개인식별정보(PII)를 직접 입력할 경우, 해당 데이터가 AI 모델의 학습에 재활용되어 다른 사용자에게 답변으로 노출될 위험이 있으며 I 모델은 학습 과정에서 데이터를 단순히 통계적으로 처리하는 데 그치지 않고, 특정 데이터를 그대로 암기하여 재현할 수 있는 상태가 되기도 하는 AI의 암기(Memorisation) 현상이 나타나기도 한다.

정보 노출 방지를 위한 안전 수칙

이름, 학번, 연락처, 소속 등 식별 가능한 개인정보나 비공개 학습자료, 평가 문항 등은 AI 도구에 입력하지 않는 등 민감 정보 입력을 제한한다. 이름, 주소, 연락처 등 식별 가능한 정보를 제거하거나 개인정보의 일부를 삭제하거나 다른 값으로 대체하며, 추가 정보 없이는 특정 개인을 알아볼 수 없도록 처리하는 기술 및 절차인 가명화를 하고, 암호화 기술을 적용해 저장 및 전송 중인 데이터를 보호한다. 정부 공식 통계 자료나 학술 논문처럼 공신력 있는 데이터만 사용하도록 제한하는 등의 학습 데이터 출처를 검증하며, AI가 생성한 "장애인 지원 정책"을 담당 사회복지사가 실제 법령과 대조해 수정하는 등 AI 출력물의 정확성을 검증하기 위해 사람의 검토 과정을 필수화해야 한다. 이처럼 AI 활용의 핵심은 담당자가 직접적인 감시와 법적 준수가 정보 노출 방지를 위한 필수적인 안전 수칙이다.

ChatGPT에서 지브리 사진을 만들겠다고 개인 사진을 올리거나, 개인 생년월일을 입력하는 등의 개인 정보가 GPT 학습될 수 있다. 이러한 문제를 해결하기 위해서는 설정 부분에서 데이터 제어부분으로, 데이터 제어 부분에서 모든 사용자 대상 모델 개선 부분을 꺼주면 개인정보 유출 부분을 예방할 수 있다.

현장에서 바로 쓰는 AI 인용과 출처 정리 가이드

생성형 AI에 입력한 모든 정보는 본사 컴퓨터에 정보가 축척이 된다. 그래서 한국연구재단에서는 '심사위원'에게는 생성형 AI에 심사자료를 입력하지 못하도록 하고 있고, '작성자'에게는 생성형 AI를 사용해서 프로포절을 작성했을 때 인용 표기를 하도록 하고 있다. 심사위원이 생성형 AI를 사용하면 편향된 평가나 표절 위험이 발생할 수 있으며 AI가 학습한 데이터에 특정 기관이나 연구자의 정보가 포함되어 있다면, 특혜 시비로 이어질 수 있어서 한국연구재단은 심사위원이 AI를 통해 외부 자료나 기존 프로포절 데이터를 분석하지 못하도록 제한한다.

AI가 생성한 콘텐츠의 한계와 출처 불명확성을 보완하기 위해, 작성자는 AI 활용 사실을 명시하고 원본 자료의 출처를 밝혀야하기 때문에 프로포절을 작성하는 담당 사회복지사는 AI 사용시 인용 표기를 의무화해야 한다. 예를 들어서 "본 프로포절은 OpenAI의 GPT-4 모델을 활용해 초안을 작성한 후, 한국사회복지연구소의 2023년 보고서를 참고하여 수정하였습니다.", "저소득층 지원 정책 비교 데이터는 보건복지부(2024)의 「복지 정책 연감」에서 재인용하였으며, AI 분석을 통해 핵심 내용을 추출하였습니다." 라고 AI가 인용한 자료의 출처를 표기해야 한다. 이 부분에서 주의해야 할 사항은 AI가 '서울시 독거노인 5만 명'이라고 답변했다면, 실제 통계청 자료와 대조해 오류가 없는지 검증해야 하는 것처럼 AI가 생성한 통계나 사례는 실제 데이터 출처와 일치하는지 확인하고 혹여 틀릴 경우에는 원본 데이터를 중심으로 수정해야 한다.

한국연구재단의 규정 등은 생성형 AI의 장점(효율성, 창의성)을 활용하면서도, 위험성(편향, 표절, 정보 유출)을 방지하기 위한 균형 잡힌 접근 방법임으로 프로포절 담당자는 AI를 도구로 사용하되 출처 표기를 통해 책임을 다해야 하며, 심사위원은 인간 중심의 공정한 평가를 유지함으로써 사회복지 프로포절의 품질과 윤리성을 동시에 확보할 수 있다.

업무 중 발생할 수 있는 개인정보 노출 최소화 전략

최근 쿠팡, 개인정보보호위원회 등에서의 개인정보 유출 사고는 정보 관리의 중요성을 다시 한번 일깨워주고 있다. 사회복지 분야에서는 클라이언트의 민감한 정보를 다루기 때문에, 셀프 정보 누출을 방지하기 위한 체계적인 전략이 필수적이다. 셀프 정보 누출이란 개인이나 조직이 의도치 않게 민감한 정보를 외부로 유출하는 것을 의미하는데 이메일을 잘못 발송하거나, 문서에 개인정보가 포함된 채로 공개하거나, 클라우드 저장소에 암호화되지 않은 데이터를 업로드하는 경우가 이에 해당된다.

클라이언트의 소득 정보를 엑셀 파일로 관리할 때, 파일 자체를 암호화하고 클라우드 저장소 대신 내부 서버에 보관하는 것처럼 민감 정보는 반드시 암호화하여 저장하고 전송한다. 프로포절 작성자는 읽기 전용 권한만 부여받고, 수정 권한은 담당자만 보유하는 것처럼 정보 접근 권한을 필요한 인원만 허용하고 특정 사용자가 비정상적으로 많은 파일을 다운로드하면 경고 알림을 발송하는 등 실시간 로그 분석 시스템을 구축해 이상 접근이나 데이터 반출 시도를 감지한다. 개인정보 비식별화 기술을 사용해 통계나 연구 자료에 민감 정보를 포함하지 않도록 익명화 및 가명화 기술을 활용하며 특별히 이메일 첨부 파일 확인 방법, 피싱 메일 식별법 등을 교육을 연간 수시로 진행하여 사회복지시설 종사자들의 정보 보안에 대한 경각심을 높이도록 한다.

사회복지 분야에서 특화된 전략으로서 민감 정보는 별도의 암호화된 폴더에 저장하고, 일반 문서와 혼합되지 않도록 클라이언트 정보를 분리 보관토록 하며, AI로 프로포절 초안을 작성하더라도, 개인 식별 정보는 수동으로 입력하는 것처럼 생성형 AI에 클라이언트 정보를 입력하지 않으며, AI 생성 콘텐츠는 반드시 인간 검토를 거친다.

4

AI와 함께 변화하는
사회복지사의 역량

AI 기반 사회복지사의 역량 강화 전략

AI와 함께 변화되는 사회복지 현장에서 사회복지사의 역량은 매우 중요하다. 사회복지사로서 갖춰야 할 핵심역량 중 가장 먼저 명심해야 할 부분은 AI 도구는 단지 보조 도구일 뿐 최종 결정과 판단은 인간인 사회복지사임을 명심하며 책임감 있는 사회복지 실천의 노력과 함께 충분한 역량을 갖추기 위한 노력도 함께 해야 한다는 것이다.

지능 정보 시대에 기획자가 갖춰야 할 핵심역량은 몇 가지로 설명할 수 있다. 먼저 AI 도구, 데이터베이스, 클라우드 기반 서비스 등 디지털 자원을 활용할 수 있는 능력인 디지털 정보 활용 능력(Digital Literacy)를 갖추고 있어야 한다. ChatGPT, Bard 등 AI 언어모델을 활용해 사업 계획서, 보고서, 교육 자료 초안 작성한다던지 Excel, SPSS 등 통계 · 데이터 분석 툴로 사례 · 욕구 조사 데이터 처리하고 AI 이미지 생성툴을 활용해 홍보물, 포스터, 시각 자료 제작할 수 있는 역량이 필요하다.

핵심적인 부분은 단지 도구 활용 능력에서 벗어나 결과물의 질과 신뢰성을 검증할 수 있는 역량을 갖춰야 한다는 것이다. 생성형 AI가 어떤 원리로 학습하고 결과를 생성하는지 이해하고, 결과물을 비판적으로 평가하는 능력인 AI 이해 및 비판적 사고 능력이 필요하다. AI가 생성한 글이나 통계 분석 결과를 사회복지 현장에서의 사실과 경험과 맞는지를 검증해야 하며 AI 추천 프로그램이나 사례를 그대로 적용하지 않고, 현장 경험과 연계해 판단토록 하며 AI 편향(Bias) 문제를 이해하고, 특정 집단에 불이익이 가지 않도록 조정한다.

개인정보보호, 저작권, 이용자 권리 등 윤리적 기준을 지키며 AI를 활용하는 능력인 윤리적 판단 능력(Ethical Competence)이 필요하다. 사례 기록, 상담 내용 등 민감한 데이터를 AI에 입력하시 않거나 AI 생성 자료를 그대로 제출하지 않고, 저작권·표절 여부 확인 후 재작성하고 AI 활용 시 이용자에게 "AI가 활용됐다."는 사실을 명시해 투명성을 확보하는 노력과 역량을 갖춰야 한다. AI 도구와 사회복지 전문성을 결합해 새로운 프로그램·서비스를 설계할 수 있는 능력인 창의적 문제 해결 능력을 갖춰야 한다. AI가 분석한 지역사회 욕구 데이터를 기반으로 맞춤형 자립 지원 프로그램을 설계하거나 사례관리 보고서 초안을 AI로 만들고, 사회복지 현장 경험 등을 결합해 프로포절을 작성하며 홍보 콘텐츠 제작에서 AI 이미지· 영상 생성 결과를 활용해 커뮤니티 참여 유도하는 창의적 문제 해결 역량 이 필요하다.

동료 기획자, 이용자, 지역기관과 함께 AI를 활용해 협력적 결과를 만드는 능력인 협업 및 커뮤니케이션 역량이 필요하다. AI 생성 보고서를 동료와 검토하며 보완하거나 프로그램 개발 시, 분석 자료를 기반으로 협력 기관과 회의를 진행하고 이용자에게 AI 도구 활용 여부와 목적을 쉽게 설명하고 동의를 받는 그러한 역량이 필요하다. 생성형 AI는 협업 파트너일 뿐 다양한 사람들과의 소통과 커뮤니케이션은 인간인 사회복지사가 주체가 되어야 한다. 이러한 역량을 갖추기 위해서는 AI 시대 기획자가 준비하거나 노력해야 할 부분이 있다. 먼저 온라인이든 오프라인이든 ChatGPT, AI 이미지 생성, 데이터 분석 툴 실습이 가능한 역량 강화 교육에 적극적으로 참여토록 하며, 개인정보 보호법, 저작권법, 표절 예방 등을 위해 AI 사용 지침과 내부 규정 등을 숙지하여 철저히 적용시키려는 노력이 필요하다.

욕구 조사·프로그램 평가 데이터 수집·정리·분석 능력을 갖추기 위해 관련된 교육에 참여하는 것과 실제 사회복지 실천 가운데 직접 활용하는 그러한 노력이 함께 필요하다. 듣는 것에 그치지 아니하고 직접 적용하는 노력이야말로 AI시대 기획자들의 역량은 더욱 강화될 것이다. 디지털 대전환기 시대든 전통적 사회복지 현장이든 사회복지사의 전문 역량은 기본기부터 탄탄해야 더욱 AI 도구를 유용하게 사용할 수 있다. 사회복지 지식, 정책, 이론 등을 충분히 이해하고 사례 분석 능력과 비판적 사고 능력을 향상하기 위해서는 꾸준히 독서를 하는 것도 중요하다. 꾸준히 독서를 통해 얻게 되는 정보들은 도리어 AI 도구가 제공한 자료를 교차 확인하고 수정 보완할 수 있다. 꾸준한 독서는 AI를 통해 분석한 내용 등에 정확히 확인할 수 있으며, 깊이 있는 연구 조사와 분석도 함께 연결될 수 있다.

기획자로서 사고 정리 능력을 향상시키고 문제 해결과 설득력 있는 의사를 표현하며 프로포절, 제안서 등의 실무 역량을 강화시키기 위해서는 꾸준히 글쓰기를 함으로써 그에 맞는 역량을 갖춘다. 일상적으로 하루에 몇

분이라도 사례 관찰한 것이나 업무를 기록하고 느끼고 경험한 것을 기록하는 일상의 글쓰기 습관을 만들며 지속적으로 프로포절을 작성하여 실패 및 성공의 경험을 반복함으로써 프로포절 작성의 역량과 프로그램 실행 능력까지 향상시키도록 한다. 때에 따라서는 독서 노트 요약, 글쓰기 구조 추천 등 AI 도구를 활용한다. 생성형 AI 도구를 통해 보다 원활하게 작성하는데 도움을 줄 수 있지만 결국 작성하고 진행하는 사람은 담당 사회복지사이다. 직접 프로포절을 작성하고 고민하였을 때 심도 있는 프로포절이 작성될 수 있고 프로포절 작성에 대한 실패와 경험은 좀 더 나은 프로포절을 작성하는데 유익한 정보가 될 수 있음으로 AI를 통한 유용한 방법을 찾기 이전에 몸으로 직접 경험하기를 추천한다.

사회복지 현장은 수없이 변화되어가고 있다. 어찌 보면 프로포절을 통해 현재 사회복지 현장에서 나타나고 있는 여러 이슈들을 해결하고 있는 만큼, 사회복지사로서의 충분한 역량을 강화시키는 데 많은 노력이 요구된다. 현재 나타나고 있는 여러 이슈들을 정리하고 파일럿 프로그램을 실제 기획하고 운영함으로써 사회복지 현장 경험을 꾸준히 쌓고 사회복지학회에서 개최하는 학술대회 참여, 이론과 사례에 대한 융합적인 측면 중심의 적극적인 학습을 통해 역량을 강화시키는 노력도 함께 필요하다.

과거에는 프로포절을 작성할 때 AI 도구를 사용하지 않고 오로지 여러 정보를 수집하고 분석하며 직접 프로포절을 작성하면서 개인적인 생각을 좀 더 넓히려는 노력을 한 적이 있었다. AI 도구를 사용하게 된다면 많은 기획자들이 활용할 것이고 만약 동일한 결과물로 생성되어서 결국 프로포절이 탈락될 확률이 높아질 수밖에 없다. 프로포절은 다양한 관점과 함께 세부적인 전략이 요구되어지는데 단지 생성형 AI 도구를 활용하면 기획자로서의 생각이 더욱 깊어지지 않거나 새로운 전략을 세우기보다 오로지 생성형 AI 도구를 전적으로 의지하여 심도 있는 프로포절 기획에 방해가 될 수 있다.

혹여나 담당 기획자의 경험과 생각에 묶여서 다채로운 대안을 제안하지 못하거나 협소한 생각으로 더 나은 전략을 수립하지 못할 수 있다는 생각 이후로 꾸준히 AI 도구를 이해하고 적용해보려는 노력을 다하고 있다. 다채로운 AI 도구가 있다고 하여도 사용할지 말지는 담당자가 선택하는 부분이겠지만 머리로만 이해하는 것이 아니라 직접 찾아보고 적용해보려고 하였을 때, 자연스럽게 디지털 대전환 시대에 살고 있는 기획자로서의 역량이 한층 더 향상될 수 있다. 결국은 그 노력으로 인해 우리가 속해 있는 지역사회와 프로포절의 주인공인 클라이언트에게 다양한 지원과 큰 변화를 이끌어 낼 수 있다고 확신한다.

참고문헌

1 『사회복지사라면 김과장의 프로포절처럼』(2023), 김태현, 어가출판사

2 『사회복지사라면 김국장의 프로포절처럼』(2026), 김태현, 어가출판사

3 『누구나 아는 나만 모르는 제미나이』(2026), 이성원, 한빛미디어

4 박남기(2023). 챗GPT의 논문 작성 능력괴 대응책. 에듀프레스

5 하진규(2025). AI와 사람의 역할 분담과 협업: 보고서 작성 워크플로우를 기반으로. 코멘토 포텐스닷 블로그. https://blog.comento.kr/ai-and-human-roledivision-and-collaboration-based-on-reportwriting-workflow

6 『회사에서 몰래 보는 일잘러의 AI 글쓰기』(2024), 피넛·한준구, 무블출판사

7 『AI 시대의 글쓰기』(2024), 장성민, 커뮤니케이션북스(주)

8 『업무시간을 반으로 줄이는 챗GPT 글쓰기』(2025), 정태일, ㈜천그루숲

9 『AI 2024 트렌드&활용백과』(2024), 김덕진, 스마트북스

10 OpenAI(2023). ChatGPT: 대화형 AI 모델. https://openai.com/chatgpt

11 네이버 클로바 팀(2024). 클로바 X: 한국어 특화 AI 도구. https://clova.ai

12 업스테이지(2024). 뤼튼: 데이터 분석 AI 도구. https://wrtn.ai

13 카카오(2024). 아숙업: 카카오톡 AI 챗봇. https://pf.kakao.com/_BZxjxjxj

14 Gamma(2024). AI 기반 프레젠테이션 생성 도구. https://gamma.app

15 『업무시간을 반으로 줄이는 AI 활용법』(2023), 이임복, 천그루숲

16   최단비·김예원·김장원(2021). 사회적 약자를 위한 공공데이터 통합 및 분석 방법 사례 연구. Proceedings of KIIT Conference, 465-469

17   『박태웅의 AI강의』(2023), 박태웅, 한빛비즈

18   『챗GPT·퍼플렉시티·클로드·코파일럿·제미나이 다 잘함』(2025), 이호정, 리코멘드

19   『AI 에이전트 트렌드&활용백과』(2025), 김덕진·김아람, ㈜스마트북스

20   『챗GPT 101』(2023), 최동녘, 유노북스

21   『박태웅의 AI강의 2025』(2025), 박태웅, 한빛비즈

22   『초급 AI 프롬프트 엔지니어링』(2025), 김용석, 커뮤니케이션북스

23   『당장 써먹는 AI 프롬프트 사전』(2024), 김봉조·라미경, 도서출판 홍릉

24   『프롬프트 엔지니어』(2025), 장민·안재관, 도서출판 알투스

25   『1400만 직장인을 위한 챗GPT 비즈니스 프롬프트』(2025), 민진홍·유경화, 도서출판 성안당

26   개인정보보호위원회(2024). 개인정보 보호법 가이드라인. https://www.pipc.go.kr

27   한국인터넷진흥원(KISA). (2023). 데이터 관리 및 보안 표준 가이드. https://www.kisa.or.kr

28   Microsoft(2024). IT 보안 및 데이터 관리 베스트 프랙티스. https://learn.microsoft.com/en-us/security

29   서동명·김미옥·이지수(2025). 시설 거주 장애청소년의 자립욕구와 자립생활 경험. 장애인복지연구, 16(1), 7-28

30   서해정(2022). 거주시설 장애인의 자립생활 지원체계 강화 방안 연구(연구보고서). 한국장애인개발원

31   한국장애인개발원(2020~2021). 장애인 자립생활 실태조사 [연구보고서]

32   한국장애인개발원(2022). 장애인 자립 지원 정책 분석 [연구보고서]

33   해뜨는집(2025). 2025년 기획 시설거주 장애인 청소년·청년의 자립을 위한 통합

지원 사업(○○시 청년 발달장애인의 자립을 위한 포용적 브릿지 통합지원 사업 "동그라미 마을")

34   AI를 활용한 프레젠테이션 디자인 자동화 초보자 가이드. https://www.sketchbu bble.com/blog

35   AI 프레젠테이션 메이커. https://www.canva.com/create/ai-presentations

36   Your Friendly Guide to Using Copilot in PowerPoint. https://www.lifewire.com

37   면접 준비에 AI를 활용하는 방법. https://clickup.com

38   신덕상·서문지희·권정언(2020). 사회복지 프로그램 개발과 프로포절 작성의 실제. 동문사

39   보건복지부(2025). 장애인복지시설 현황 및 재입소율 분석 보고서

40   대구시청소년자립 지원관(2023). 2023년 연례 보고서

41   한국사회복지행정학회(2024). 사회복지 프로포절 작성 가이드라인

42   설문 응답 데이터를 감정 분석해 핵심 욕구 파악. https://monkeylearn.com/text-an alysis

43   재입소율, 취업률 등 성과 지표를 시각화해 프로포절에 삽입. https://www.tableau. com

44   동두천시노인복지관(2019~2021) 경기사회복지공동모금회 기획사업(치매 부양가 족의 돌봄 부담 완화와 가족 기능 강화를 역량강화 프로그램 "봄·봄·봄"(알아봄·느 껴봄·즐겨봄) 계획서

45   해뜨는집(2024). 한국마사회 사회공헌재단에서 지원하는 국민드림마차 사업 계 획서

46   ○○시장애인 가족지원센터(2020). 2021년 아름다운가게 지원 희망나누기 지원 사업(○○시 장애인 가족들의 자립적인 삶을 지원하기 위한 통합프로그램 "다온 (ON) 마을학교") 사업 계획서

47   해뜨는집(2025). 경기사회복지공동모금회 신청사업(○○시 발달장애인의 자립 능력 향상을 위한 일상생활 훈련 거점센터 마련 기능보강사업 "배움의 공간") 계획서

48   IPPC 지식재산보호센터. https://ippc.kr/blog/ai저작권/인공 지능-시대의-저작권-변화-AI저작물의-새로운-도전

49   『창작자를 위한 챗GPT 저작권 가이드』(2023), 정경미, 포르체

50   『AI, 글쓰기, 저작권』(2025), 정지우, 마름모

프로포절은 더 이상 문서가 아니다.
문제를 정의하고, 가능성을 설계하며,
사람을 설득하는 하나의 전략이다.

프로포절은 더 이상 문서가 아니다.
문제를 정의하고, 가능성을 설계하며,
사람을 설득하는 하나의 전략이다.

이제 우리는 같은 질문 앞에 서 있다.

'더 열심히 쓸 것인가,
더 똑똑하게 설계할 것인가.'

AI는 답을 대신 써주지 않는다.
다만, 더 빠르게
본질에 닿을 수 있도록 돕는다.

AI는 답을 대신 써주지 않는다.
다만, 더 빠르게
본질에 닿을 수 있도록 돕는다.

결국 선택은 당신의 몫이다.

기존의 방식에 머무를 것인지,
새로운 방식으로 판을 바꿀 것인지.

당신은 어떤 방식으로
다음 프로포절을 시작할 것인가.

이 책을 덮는 순간,
당신은 이미 선택의 갈림길에 서 있다.

그리고 그 선택은
다음 결과를 바꿀 것이다.